日本語・中国語・印欧語

― 日本語構造伝達文法・発展D ―

現在　49.3 SOV　35.0 SVO
　　　　　　　　他 15.6
紀元
紀元前
2000年

12万年〜20万年

SOV（日本語型）

今泉喜一　　日本語（印欧語）
関口美緒　　日本語
木村泰介　　日本語
孫偉　　　　中国語
蒋家義　　　中国語

日本語構造伝達文法・発展D

Ｄまえがき

　本書は「日本語構造伝達文法」の研究書シリーズの第5冊目となる。(入門書シリーズは『日本語のしくみ』として，すでに(1)～(3)の 3 冊出版されている。)
　　①『日本語構造伝達文法』(2000 年版，2005 年版，2012 年版)
　　②『日本語構造伝達文法　発展Ａ』(2003)
　　③『日本語態構造の研究　－日本語構造伝達文法　発展Ｂ－』(2009)
　　④『主語と時相と活用と　－日本語構造伝達文法・発展Ｃ－』(2014)
本書 ⑤『日本語・中国語・印欧語　－日本語構造伝達文法・発展Ｄ－』(2018)

　本書では5人の研究者が次のような研究論文を発表している。

［ＤⅠ論文］　格表示は名詞と動詞の間でなされる
　　　－言語は元来ＳＯＶ型(日本語型)か－　　　　　今泉喜一

　「格」とは名詞と動詞との論理関係であるから，「格表示」は名詞と動詞の間でなされる。つまり，語順がSOVのものは，SO●Vのように名詞後部の後置詞(格助詞)で格を表し，SVOのものは，SV●Oのように名詞前部の前置詞で格を表すのが原則である。
　印欧語はこの原則に従っていないようなので，考察を行った。……印欧語は元来日本語と同じSOVであり，名詞後部で格表示をしていた。しかし，その名詞後部が格だけでなく性や数の要素も含むようになり，複雑化し，屈折語となった。この複雑性を解消するために語順を逆にして現在のV●Oとした。ここに生じる前置詞により「格のみ」の表示が可能となり単純化でき，名詞後部は格表示に使用する必要がなくなった。印欧語のうち，ラテン系言語や英語などは一応この目的を達したが，ロシア語などは途上にあり，いまだに前置詞格表示と，名詞後部格表示の両者を保っている。
　日本語は歴史的に一貫してSOV型の言語である。世界総言語のほぼ半数(49 ％強)がSOV型である。35 ％のSVO型も，もとはSOV型であったと考えられる。この視点からも，SOV型の日本語の研究の重要性を捉える必要がある。

［ＤⅡ論文］　事象「歩く」と「走る」の異同　　　　関口美緒

　「1歩歩いてみてください」とは言えても，「1歩走ってみてください」とは言いにくい。「歩く」と「走る」は類似の動作ではあるが，なぜこのような違いがあるのか。日本語構造伝達文法の事象の捉え方で分析した結果，「歩く」も「走る」も構成要素の1組は2歩であるが，「歩く」では，構成要素の1組(2歩)の全体を捉えなくとも，半分(1歩)を「取り出して」表現できるのに対して，「走る」ではそれができず，少なくとも1組以上は必要である，ということが判明した。また，両者の事象構成は，抽象化すれば同じであるが，具体的に表現すれば，「滞空期」要素の有無が明確になることが示せた。さらに，事象5に「休止」の要素のある場合のあることも明示できた。

－ ⅰ －

日本語構造伝達文法・発展D

[DⅢ論文]　「無洗米」の構造と時相　　木村泰介

　「無洗米」という語は，「洗ってない米」の意味であるはずなのに，「洗う必要のない米」という意味になっている。ここに違和感がある。この違和感がなぜ生じるのかを，日本語構造伝達文法の「構造」と「時相」の考え方で考察してみた。すると，構造的には問題がないが，時相の面で問題があることが判明した。

　「無洗米」の「洗」をウゴキ名詞，「米」をモノ・コト名詞として，名詞両者の一般的な使用法を調べてみた。すると，やはり「無洗米」は特殊であることが判明した。そして，違和感を生じさせないためには「無洗炊き(米)」とするのがよいと分かった。

[DⅣ論文]　中国語の語法アスペクトの種類と構造　　孫偉

　アスペクトとは，動作の開始，進行中など，事象のどの局面を捉えるかの概念である。中国語でのアスペクトに関連する研究は，1924 年に始まって，特に 80 年代以降に盛んに行われるようになった。しかし，概念や研究法などはさまざまであった。

　本稿では，まず，中国語でのこれまでの研究を，問題点と評価点を明らかにしつつ整理した。次に，中国語での語法アスペクトをどのように捉えればよいのかを，日本語構造伝達文法の提示する時相の考え方，図示法に基づき説明した。この新たな方法により中国語のアスペクトを深層から捉えることができるようになる。

[DⅤ論文]　中国語の句の意味構造　　蒋家義

　中国語にも文の構造の分析法・図示法はあったが，文の成分を示すことが中心であった。日本語構造伝達文法の考え方と図示法では，文の成分のみならず，深層格・表層格，「主題－解説」構造をも分析して図示することができる(第1章)。

　本稿では，まず主述句について考察し(第2章)，次に述目句(第3章)，結果述補句(第4章)について考察している。この考察に当たっては，日本語と文法体系が異なる中国語の，特に格の扱いに工夫をしている。日本語では格を「が，を，に」などの格詞で表すが，中国語では「格フレーム」という扱いの中で格表示を「施事，受事」などという表現で行うのが適切であると考え，新しい図示においてもこれを活用している。

　本稿は，日本語構造伝達文法の考え方と図示法を適用して，中国語の文の構造の理解を深めたものである。

　なお，本稿はすでに1冊の著書（『中国語の句の意味構造――日本語構造伝達文法の適用』，揺籃社，2015）としたものであるが，本書に収録するにあたり，必要な改編を行った。索引は割愛した。

　以上，本書は「日本語構造伝達文法」の現段階での発展状況を示したものである。

2018 年 7 月　今泉喜一

目　次

Dまえがき　（ⅰ）

D Ⅰ 論文　　格表示は名詞と動詞の間でなされる
　　　　　　　－言語は元来SOV型（日本語型）か－　　　　今泉　喜一（ 1 ）

D Ⅱ 論文　　事象「歩く」と「走る」の異同　　　　　　　関口　美緒（21）

D Ⅲ 論文　　「無洗米」の構造と時相　　　　　　　　　　木村　泰介（31）

D Ⅳ 論文　　中国語の語法アスペクトの種類と構造　　　孫　　偉　（47）

D Ⅴ 論文　　中国語の句の意味構造　　　　　　　　　　蒋　　家義（71）

Dあとがき　（155）

詳細目次

DⅠ論文　格表示は名詞と動詞の間でなされる
　　　　　－言語は元来SOV型(日本語型)か－　　　　今泉　喜一　……………　1
　DⅠ　要旨　(1)
　DⅠ.1　研究対象となる事実と問題　(1)
　DⅠ.2　構造伝達文法における格　(2)
　　　DⅠ.2.a　構造伝達文法　(2)
　　　DⅠ.2.b　深層構造のモデル　(2)
　　　DⅠ.2.c　格の定義　(3)
　　　DⅠ.2.d　「の」は格を示さない　(4)
　DⅠ.3　SOV型(日本語型)は後置詞,SVO型(英語型)は前置詞　(4)
　DⅠ.4　格表示の位置……名詞と動詞の間　(5)
　　　DⅠ.4.a　名詞と動詞と格を構造図で示す　(5)
　　　DⅠ.4.b　日本語は後置詞,英語は前置詞　(6)
　　　DⅠ.4.c　「格表示は名詞と動詞の間でなされる」を仮説とする　(6)
　DⅠ.5　仮説「格表示は名詞と動詞の間でなされる」は正しいか　(6)
　　　DⅠ.5.a　ロシア語には適用できない？　(6)
　　　DⅠ.5.b　では,仮説「格表示は名詞と動詞の間でなされる」は間違いか？　(7)
　DⅠ.6　印欧語　(8)
　DⅠ.7　印欧語の語順は日本語と同じOV型であった　(10)
　　　DⅠ.7.a　ヒッタイト語……日本語と同じSOV型　(10)
　　　DⅠ.7.b　ラテン語……SOV型(日本語型)からSVO型(英語型)へと変化　(10)
　　　DⅠ.7.c　ゲルマン語(英語)……もとは日本語と同じSOVであった　(12)
　DⅠ.8　ロシア語もSOV型(日本語型)からSVO型へ　(13)
　　　DⅠ.8.a　ロシア語の特徴がつかめるのは14世紀後半以降　(13)
　　　DⅠ.8.b　ロシア語は格組織温存……二重の格表示に　(14)
　DⅠ.9　なぜSOV型(日本語型)がSVO型(英語型)に移行する必要があったのか　(15)
　　　DⅠ.9.a　格表示の複雑さ解消のためにSVO型(英語型)に移行　(15)
　　　DⅠ.9.b　日本語の膠着性は構造を把握しやすい…日本語構造伝達文法　(16)
　DⅠ.10　結論　(18)
　DⅠ.11　今後の課題　(18)
　[日本語構造伝達文法] の既刊書リスト　(19)
　DⅠ参考文献　(20)

DⅡ論文　事象「歩く」と「走る」の異同　　　　　　関口　美緒 ……………… 21
　DⅡ　要旨　(21)
　DⅡ.1　事象を構成要素で捉えて分類する　(21)
　DⅡ.2　事象5は2種類に分類できる　(23)
　DⅡ.3　「歩く」と「走る」の構成要素　(24)
　　DⅡ.3.a　「歩く」と「走る」を対比させる　(24)
　　DⅡ.3.b　構成要素の図示法2種類　(25)
　　DⅡ.3.c　目的による構成要素分析の違い　(26)
　DⅡ.4　「歩く」と「走る」の異同　(27)
　DⅡ.5　まとめ　(29)
　DⅡ参考文献　(30)
　研究者紹介　関口美緒　Mio Sekiguchi　(30)

DⅢ論文　「無洗米」の構造と時相　　　　　　木村　泰介 ……………… 31
　DⅢ　要旨　(31)
　DⅢ.0　問題点　(31)
　DⅢ.1　「無洗米」を構造の面から考える　(31)
　　DⅢ.1.無　漢語の「無」　(31)
　　DⅢ.1.名詞「無」　名詞の「無」　(32)
　　DⅢ.1.接頭「無」.a　接頭辞の「無」　(32)
　　DⅢ.1.接頭「無」.b　「無N」に一般化　(33)
　　DⅢ.1.接頭「無」.c　「無N」は名詞として使用される　(33)
　　DⅢ.1.接頭「無」.d　「無N」名詞の構造上の位置　(34)
　　　①「無N」名詞が，ある動詞と格関係にあることをそのまま格で表現　(34)
　　　②「無N」名詞が，関係の名詞を「の」で修飾　(35)
　　　③「無N」名詞が，関係の名詞を「＋」で修飾　(35)
　　DⅢ.1.接頭「無」.e　「無」は日本語構造伝達文法では「詞」　(35)
　　DⅢ.1.接頭「無」.f　「無洗米」の構造　(36)
　DⅢ.2　「無洗米」を時相の面から考える　(36)
　　DⅢ.2.1　ウゴキ名詞, モノ・コト名詞　(36)
　　DⅢ.2.2　「無N₁」N₂のあり方　(39)
　　DⅢ.2.3　「無N₁」N₂のあり方……結論　(42)
　DⅢ.3　「無洗米」という語の理解　(42)
　DⅢ.4　今後の課題として……意味否定と構造否定……日本語と原語の構造　(44)
　DⅢ参考文献　(45)
　研究者紹介　木村泰介　Taisuke Kimura　(46)

DIV論文　中国語の語法アスペクトの種類と構造　　　　孫　偉 ‥‥‥‥‥‥‥　47

要旨　(47)

1　先行研究の分類と構造分析　(47)

　　1.1　早期研究　(47)

　　1.2　発展期研究　(48)

2　中国語のテンス・アスペクトの時間的構造関係　(54)

3　中国語の基本的語法アスペクト　(55)

　　3.1　未来の構造と表現　(55)

　　　　　　未来開始(前) (［01］)　(55)

　　　　　　未来進行 (［02］［12］［22″］)　(56)

　　　　　　未来(進行)完成 (［03］［13］［23］)　(57)

　　　　　　未来結果状態持続 (［04］［14］［24］［34］［44″］)　(58)

　　　　　　未来結果状態完成 (［05］［15］［25］［35］［45］)　(58)

　　　　　　未来結果記憶持続 (［06］［16］［26］［36］［46］［56］［66″］)　(58)

　　3.2　現在の構造と表現　(59)

　　　　　　現在開始(前) (［11］)　(59)

　　　　　　現在進行 (［22］)　(59)

　　　　　　現在(進行)完成 (［33］)　(59)

　　　　　　現在結果状態持続 (［44］)　(60)

　　　　　　現在結果状態完成 (［55］)　(60)

　　　　　　現在結果記憶持続 (［66］)　(60)

　　3.3　過去の構造と表現　(61)

　　　　　　過去開始(前) (［2補1］など)　(61)

　　　　　　過去進行 (［22’］［32］［42］［52］［62］)　(61)

　　　　　　過去(進行)完成 (［43］［53］［63］)　(62)

　　　　　　過去結果状態持続 (［44’］［54］［64］)　(62)

　　　　　　過去結果状態完成 (［65］)　(62)

　　　　　　過去結果記憶持続 (［66’］)　(62)

　　3.4　開始(後) (［77］)　(63)

4　中国語の派生的語法アスペクト　(63)

　　4.1　反復　(63)

　　4.2　単純状態　(65)

　　4.3　経験　(66)

　　4.4　パーフェクト　(67)

5　まとめ　(68)

参考文献　(69)

研究者紹介　孫偉　Sun Wei　(70)

日本語構造伝達文法・発展D

ＤＶ論文　　中国語の句の意味構造　　　　　蒋　家義　‥‥‥‥‥‥‥　71

目次　（72）

第1章　予備的考察　（73）

1　文の4つのレベル　（73）

1.1　第1レベル（深層格）　（73）

1.2　第2レベル（表層格）　（74）

1.3　第3レベル（文の成分）　（75）

1.4　第4レベル（「主題－解説」構造）　（75）

1.5　中国語の表層格　（76）

2　中国語の文の図示法　（77）

2.1　符号図示法　（77）

2.2　枠式図示法　（78）

2.3　黎錦熙の図示法　（79）

3　日本語構造伝達文法と新しい図示法　（81）

3.1　日本語構造伝達文法の内容と特徴　（81）

3.2　日本語構造伝達文法の基礎　（83）

3.2.1　構造モデル　（83）

3.2.2　時空モデル　（85）

3.3　日本語構造伝達文法に基づく新しい図示法　（86）

3.3.1　構造モデルの位置づけ　（86）

3.3.2　構造モデルに基づく新しい図示法　（87）

4　本論文のねらいと考察対象　（87）

第2章　主述句　（89）

1　主述句の種類　（89）

1.1　体言性主述句　（89）

1.2　形容詞性主述句　（90）

1.3　動詞性主述句　（91）

2　深層格の分類　（91）

3　体言性主述句　（94）

3.1　体言性主述句の深層格　（94）

3.2　体言性主述句の意味構造と図示　（97）

4　形容詞性主述句　（98）

4.1　形容詞性主述句の深層格　（98）

4.2　形容詞性主述句の意味構造と図示　（99）

4.3　形容詞性主述句と連用修飾語　（99）

－　vii　－

5 一項動詞性主述句 （100）

    5.1 一項動詞性主述句の深層格 （100）

    5.2 一項動詞性主述句の意味構造と図示 （102）

    5.3 一項動詞性主述句と付加成分 （103）

    5.4 一項動詞性主述句と連用修飾語 （104）

6 まとめ （105）

第3章 述目句 （107）

1 述目句とは （107）

2 述語と目的語との意味関係 （108）

3 格フレーム （109）

    3.1 必須の実体と必須格 （109）

    3.2 格フレームと格フレームのタイプ （110）

      一，一項動詞の格フレーム （111）

      二，二項動詞の格フレーム （111）

      三，三項動詞の格フレーム （116）

4 二項動詞性主述句の意味構造 （118）

    4.1 ＜3＞施事＋V＋受事 （V＝二項他動詞） （119）

    4.2 ＜4＞施事＋V＋結果 （V＝二項他動詞） （120）

    4.3 ＜21＞施事＋V＋工具 （V＝二項自動詞） （121）

    4.4 ＜23＞施事＋V＋方式 （V＝二項自動詞） （122）

    4.5 ＜30＞当事＋V＋客事 （V＝二項外動詞） （123）

    4.6 ＜37＞処所＋V＋当事 （V＝二項内動詞） （124）

5 まとめ—述目句の意味構造 （125）

第4章 結果述補句 （129）

1 述補句の種類 （129）

2 結果述補句を含む動詞性主述句の分類 （130）

3 結果述補句を含む動詞性主述句の意味構造 （132）

    3.1 （8a）の意味構造 （132）

    3.2 （8b）の意味構造 （134）

    3.3 （8c）の意味構造 （136）

    3.4 （8d）の意味構造 （141）

    3.5 （8e）の意味構造 （145）

4 まとめ—結果述補句の意味構造 （147）

おわりに （152）

参考文献 （153）

研究者紹介 蒋家義 Jiang Jiayi （154）

Dあとがき （155）

DⅠ論文

格表示は名詞と動詞の間でなされる
－言語は元来SOV型(日本語型)か－

今泉　喜一

要　旨

　構造伝達文法では「格」を「名詞を動詞や形容詞に論理関係で結びつける力」と定義する。ここから「格表示は名詞と動詞・形容詞の間でなされる」という仮説が導かれる。この仮説の妥当性を語順がSOV型(日本語型)の言語とSVO型(英語型)の言語で確認する。格表示形式は前者で後置詞となり後者で前置詞となる。後置形式と前置詞の両方をとるロシア語のような言語においても，印欧語の歴史を検討すれば，この仮説による説明が可能であることから，この仮説は仮説として妥当であるということになった。さらに，印欧語ももとは日本語と同じSOV語順であったことを確認した。

　　　　　キーワード：　構造伝達文法，格，後置詞，前置詞，印欧語

DⅠ.1　研究対象となる事実と問題

> **研究対象の事実**　　語順が日本語のようなSOV型の言語は後置詞を持ち，
> 　　　　　　　　　　　英語のようなSVO型の言語は前置詞を持つ傾向がある。

　　　　　　　　　　「S」は「主語」の意味。
　　　　　　　　　　「O」は「目的語」の意味。……本稿では「名詞N」でも表す。
　　　　　　　　　　「V」は「動詞」の意味。
日本語は，SOV型の言語である。
　　　　　　　　私が　　 －　　 本を　　 －　　読む
　　　　　　　　主語（S）－目的語（O）－動詞（V）
一方，英語はSVO型の言語である。
　　　　　　　　I　　 －　　read　　 －　　a book
　　　　　　　　主語（S）－　動詞（V）－目的語（O）
「目的語　O」は主語以外の名詞の象徴なので，本稿では一般の文の中で，主語以外の名詞を示すときは，「名詞　N」で表すこともする(O→N)。たとえば次のようになる。
　　　　SOV型　　　　私が　 バスで　 学校に　 行く。
　　　　　　　　　　（　Sが　　 Nで　　 Nに　　 V　 ）
　　　　SVO型　　　　I　go　 to school　 by bus.
　　　　　　　　　　（　S　 V　 to N　　 by N　 ）
　ここに見られるように，日本語では格を表す格助詞が「名詞の後」に置かれており，

英語では格を表す前置詞が「名詞の前」に置かれている。(主語Sについては，ＤⅠ.4bの〈注〉を参照。)

本稿では，なぜこのような「格を表す要素」に「後置・前置」の違いが生じるのかについて，第1，第2の疑問を設定して考えたい。

ここでの考察には構造伝達文法の考え方を用いるので，まず「構造伝達文法」について述べておく必要がある。「格」の定義も示す。

ＤⅠ.2　構造伝達文法における格
ＤⅠ.2.a　構造伝達文法

話し手は不断に各種の判断を行う。その判断は論理構造をなしているので，その判断を(判断)構造Aと呼ぶ。この構造Aをそのまま聞き手に伝達することはできないので，下図に示すように，話し手は構造Aを表層にあることばで描写して(Ⓐ)，文の形にして聞き手に伝達する。

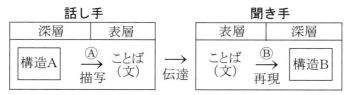

図ＤⅠ-1　判断構造Aを描写してことば(文)で伝達し，聞き手が構造を再構成する

聞き手は聞いた文(ことば)に基づいて(判断)構造Bを再現する(Ⓑ)。構造が正しく再現されれば構造Bは構造Aと同じになり，聞き手の中に話し手の判断が正しく伝達されたことになる。Ⓐの描写とⒷの再現の過程には慣習的な規則(文法)が存在する。

表層は意識的な層であり，意識による制御が可能であるが，深層は本能的な層であり，意識による制御ができない。

「構造伝達文法」というのは，深層にある判断構造を立体モデルで示し，表層に表れる文の現象を深層構造のあり方と描写法から説明しようとする「説明文法」である。

ＤⅠ.2.b　深層構造のモデル

「私が学校にバスで行く。」という表層の文があるとき，これに対する深層構造(判断)モデルは下左図のようなものである。下右図はモデルを簡略表示したものである。

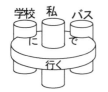

(簡略表示)

図ＤⅠ-2　私が学校にバスで行く　　　図ＤⅠ-3　私が学校にバスで行く

DⅠ.2.c 格の定義

　構造伝達文法では「格」を「名詞を動詞や形容詞に論理関係で結びつける力」と定義している。そして，その力がそこに存在することを示す詞を「格詞」と呼ぶ。

　格詞は日本語では従来「格助詞」と呼ばれてきた。英語では「前置詞」と呼ばれている。（ただし，一般の英語文法ではこのように定義されておらず，「格」とはさまざまな統語機能を表示する「名詞の語形変化」であるとされる。現代英語の名詞には属格と単純格があるが，主要な代名詞にはさらに主格と対格が残っていると言われる。DⅠ.8.b）

　文が文として成立するのは名詞と動詞の間に格の力(論理関係)が働いているからである。格詞がその力（論理関係）の存在を明示している。(本稿では形容詞については触れずに，名詞と動詞の論理関係のみを扱う。)

　たとえば，図DⅠ-2 では，「学校」「バス」という2つの名詞が，「行く」という動詞と(格詞「に」「で」の示す) 格の力(論理関係)によって結びついている。

　　学校ーに　行く　　「に」は「学校」が「行く」の「目的地」であるとの論理関係を示す。
　　バスーで　行く　　「で」は「バス」が「行く」の「手段」であるとの論理関係を示す。

「格」(論理関係）を表す格詞は，日本語には下表のように11ある。

表DⅠ-1　日本語の格詞

主格詞	Ø₁, が
客格詞	を, に, へ, で, と, より, から, まで, Ø₂

　　　　　　　　　　　　　　Ø₁, Ø₂ については今泉(2012:第2章)参照

「格」は構造モデルでは下左2図のように動詞に対する名詞の立つ「位置」として示される。動詞は大きな円盤によって表される。それで，たとえば，「私が会場で彼と 10 時から 11 時まで 60 分歌を歌う。」という文の構造は下右図のようになる。

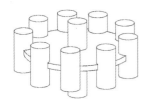 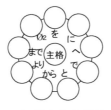 

　a) 斜め上から見る　　b) 真上から見る　　　私が会場で彼と 10 時から 11 時ま
　　　図DⅠ-4　各格の位置　　　　　　　　　で 60 分Ø₂歌を歌う　　　図DⅠ-5

英語では「格」すなわち名詞と動詞の論理関係は「前置詞」が示す。たとえば，
　　I go to school by bus.
という文で，school, bus という名詞は，それぞれ to, by という前置詞が表す論理関係で go という動詞と結びついている。

　　　go　to school　　　 to は school が go の「目的地」であるとの論理関係を示す。
　　　go　by bus　　　　 by は bus が go の「手段」であるとの論理関係を示す。

英語の前置詞には，ほかに after, among, at, between, for, in, on, over, up, with など数多くのものがある。ただし，of は前置詞ではあるが，格を表さない場合が多い。

ＤⅠ.2.d 「の」は格を示さない

「私は中国の留学生と話をした。」という文にある「中国の」の「の」は国文法では格助詞とされている。これは国文法では「格とは名詞が文中で(名詞を含む)他の語に対して持つ関係である。」と定義しているため，「の」が格とみなされているからである。

構造伝達文法では，「の」は構造上に立つ2つの名詞をつないで描写(表層化)し，2つの名詞の間に一定の論理関係が「ある」ことを示すだけで，名詞と動詞の「格(論理関係)」そのものを表してはいない，と考える。そして，「の」は構造上では，「中国の留学生」のように，下左図にあるような矢印で示される。「中国」は動詞「来る」に対する格としては「から」格に立っている。同様に「北海道の旅行」は下右図のように示される。

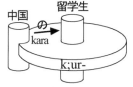 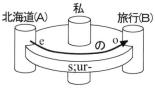

図ＤⅠ-6 中国(から)の留学生　　図ＤⅠ-7 北海道(へ)の旅行

つまり「の」は，構造伝達文法で定義している格を示してはいないので，「格詞」ではない。(「実体つなぎ描写詞」である。今泉 2012:42，今泉 2015:18 等参照。)

以上において「構造伝達文法」と「格」について必要な記述を行ったので，本題に戻ることにする。

ＤⅠ.3　SOV型(日本語型)は後置詞，SVO型(英語型)は前置詞

世界中の言語を語順のタイプで分けると6つに分類できる。その出現の割合は表ＤⅠ-2 のとおりであるが，日本語型のSOV型が最も多く，ほぼ半数を占める。主語Sが目的語Oより前にある3つの語順の型（SOV，SVO，VSO）は合計で 95 ％を超える。

ＤⅠ.1 で述べたとおり，日本語のようなSOV型の言語は後置詞を持ち，英語のようなSVO型の言語は前置詞を持つ傾向がある。この傾向について，松本(2006:175)は表ＤⅠ-3 に見るように，OV型の言語とVO型の言語の対比という形で数値で明らかにした。この表から，OV型(日本語型)の言語の 96 ％強が後置詞を持ち，VO型(英語型)の言語の 86 ％強が前置詞を持っていることが分かる。では，なぜこのような傾向があるのか。これが第1の疑問である。

> **第1の疑問**　なぜ日本語のようなSOV型の言語は後置詞を持つ傾向があり，英語のようなSVO型の言語は前置詞を持つ傾向があるのか。

表ＤⅠ-2 諸言語における基本語順の出現頻度

語順のタイプ	言語数	百分率
SOV	771	49.3%
SVO	547	35.0%
VSO	175	11.2%
VOS	44	2.8%
OVS	16	1.0%
OSV	10	0.6%

松本(2006:211)

表ＤⅠ-3 語順の型と後置詞・前置詞の割合

語順の型	後置詞	前置詞
O-V	606	23
〈日本語型〉	(96.34%)	(5.66%)
V-O	88	554
〈英語型〉	(13.71%)	(86.29%)

〈 〉内は今泉補充　松本(2006:175)

　この第1の疑問について，構造図を用いつつ考えてみたい。
　なお，この疑問に対して従来は，SOV型の言語には「左向き支配」（「rectum 支配されるもの」が「regens 支配するもの」に先行する配列にある）があり，SVO型の言語には「右向き支配」（regens が rectum に先行する配列にある）があるからであると考えられてきた(松本，2006:39)。(下降型・上昇型，遠心型・求心型としての扱い方もある 松本，2006:175)。しかし，「左向き支配」だとなぜ後置詞になり，「右向き支配」だとなぜ前置詞になるのかについては説明されてはいなかった。本稿では構造伝達文法の視点からこの説明を行うことにする。

ＤⅠ.4　格表示の位置……名詞と動詞の間
ＤⅠ.4.a　名詞と動詞と格を構造図で示す
　日本語と英語の文を構造モデルで示してみる。
　　　　私が学校にバスで行く。……　この文の構造は下左図のようになっている。
　　　　I go to school by bus.　……　この文の構造は下右図のようになっている。

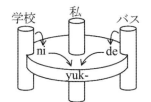 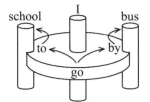

図ＤⅠ-8 私が学校にバスで行く　　　図ＤⅠ-9 I go to school by bus

　両者の構造は同じであるが，これを文にするときには描写の順序が異なる。つまり，SOV型である日本語では，次のように名詞Nが先になり，動詞Vが最後になる。
　　　日本語　SOV型　　[　S　　　N　　　V　]
　SVO型である英語は，次のように主語以外の名詞Nが動詞Vの後になる。
　　　英語　　SVO型　　[　S　　V　　　N　　]
　名詞Nが文の中に存在するためには「格」という論理関係で動詞と結びついていなけ

ればならないのだから，名詞Nは格詞を用いて格を表さなければならない。

格詞による格の表示位置はどこが適切かといえば，格は「名詞」と「動詞」の論理関係なのであるから，名詞Nと動詞Vの「間」であることが最も自然なことと考えられる。つまり，格表示の位置は次のようになる。(図DⅠ-8，図DⅠ-9 の矢印が参考になる。)

日本語　SOV型　　[　S　　　N [格表示] V　　　]

英語　　SVO型　　[　S　　　V [格表示] N　　　]

DⅠ.4.b　日本語は後置詞，英語は前置詞

ということは，SOV型では名詞Nの後で格表示が行われ(N-格)，SVO型では名詞Nの前で格表示が行われる(格-N)はずである。事実，確かにそのようになっており，日本語と英語とでは格表示が後置詞と前置詞の違いとして表れている。

日本語　SOV型　　[　S-ga　　N-ni　N-de　V　]　格表示は名詞Nの後

英語　　SVO型　　[　S　　　V　to-N　by-N　]　格表示は名詞Nの前

〈注〉Vに対して主格にある「S」は主格であることが明白であるので，日本語でも英語でも格表示を行う必要がない。主格という格は，格(論理関係)は存在するが，格表示の必要がない。日本語でも「雨$_0$ 降る。」「私$_0$ 学生です。」のように本来の主格は格表示形式がない。主格を示す「が」は鎌倉・室町時代に生まれた「制限された主格」を示す格表示形式であって，本来的な主格表示形式ではない。

DⅠ.4.c　「格表示は名詞と動詞の間でなされる」を仮説とする

第1の疑問「なぜ日本語のようなSOV型の言語は後置詞を持つ傾向があり，英語のようなSVO型の言語は前置詞を持つ傾向があるのか」に対する説明が上述のことで可能であるようである。そこで，「格表示は名詞と動詞の間でなされる」という考えを仮説とすることにする。

第1の疑問への解答……仮説

SOV型(日本語型)の言語は後置詞を持つ傾向があり，

SVO型(英語型)の言語は前置詞を持つ傾向がある。

……**格表示が名詞と動詞の間でなされるからではないのか。**

次のDⅠ.5 以降で，この仮説が当てはまらないようにみえる現象について考察する。

DⅠ.5　仮説「格表示は名詞と動詞の間でなされる」は正しいか
DⅠ.5.a　ロシア語には適用できない？

上に導かれた仮説「格表示は名詞と動詞の間でなされる」が正しいものとすると，次のようなロシア語の事実をどう考えればよいのだろうか，「ロシア語でもこの仮説は成立するのか」という第2の疑問が生じる。

- 6 -

DＩ論文　　格表示は名詞と動詞の間でなされる

> **第2の疑問**　　ロシア語でもこの仮説が成立するか。
> 　　　　　　……格表示は本当に名詞と動詞の間でなされるか。

　現代ロシア語は次のようにSVO型(英語型)の言語である。

　　　　　　　　　　　(ロシア語の読み方を簡単に〈〉の中に英字で示しておく。)

　　　　　Я　　пишу　письмо.　　　〈Ya pishu pisimo.〉
　　　　　私　書く(1人称)　手紙　　　(私は手紙を書いている。)

この文に「兄に」という要素を付け加えると次のようになる。

　　　　　Я　　пишу　письмо　брату.　〈Ya pishu pisimo bratu.〉
　　　　　私　書く(1人称)　手紙　　兄-に　(私は兄に手紙を書いている。)

　ロシア語には名詞Nに格変化があり、「брат〈brat〉(兄弟)」という名詞は単数の場合
次のように変化する。

　　　　主格　　брат　　　　(兄弟が)　　　　　　〈brat〉
　　　　生格　　брата　　　(兄弟の)　　　　　　〈brata〉
　　　　与格　　брату　　　(兄弟に)　　　　　　〈bratu〉
　　　　対格　　брата　　　(兄弟を)　　　　　　〈brata〉
　　　　造格　　братом　　(兄弟によって)　　　〈bratom〉
　　　前置格　　брате　　　　　　　　　　　　　〈brate〉

　つまり、

　　　　　Я　　пишу　письмо　брату.　〈Ya pishu pisimo bratu.〉
　　　　　私　書く(1人称)　手紙　　兄-に　(私は兄に手紙を書いている。)

の文では、брату〈bratu〉において日本語の「兄に」のように名詞の後部で格表示が行
われているわけである。

　　　　　[　S　　V　　　N-格表示　]　　　(「письмо〈pisimo〉手紙」は省略してある。)

すると、SVO(英語型)なのに前置詞ではなく後置詞的なものが使用されていることに
なり、仮説は間違っていることになる。

DＩ.5.b　では、仮説「格表示は名詞と動詞の間でなされる」は間違いか？

　ロシア語には、仮説「格表示は名詞と動詞の間でなされる」は当てはまらないように
みえる。

　次の英文の「to my brother」のように格表示が名詞Nの前にあれば、動詞と名詞の間
ということで、問題はないのだが。

　　　　　I　　write　　(a letter)　　to　my brother.
　　　　　S　　　V　　　　　　　　　　格表示-N

　しかし、上に設定した仮説は普遍の原理的なものであるはずで、間違っているとは
考えにくい。この仮説が正しいものとすると、格表示が名詞の後ろにあるということ
で、ロシア語は元来日本語と同じく語順がSOV型であったのではないかと推論せざ

－ 7 －

るを得なくなる。

> **推論** ロシア語は元来日本語と同じく語順がSOV型であったのではないか。

ロシア語は印欧語の1つであるので，印欧語の歴史を確認する必要がある。

ＤＩ.6　印欧語

「印欧語」とはインド・ヨーロッパ語族に属する言語の総称である。その言語は東はインド亜大陸や中央アジアのタリム盆地から，西はほぼヨーロッパ全域まで，また南北アメリカ，オーストラリアで，総計約20億人により使用されている。祖語は紀元前3000年以前に話されていて，その後の1000年の間に各言語に分裂したと考えられている。

印欧諸語を吉田(1996:54)は，シュライヒャーの系統樹モデルという考え方に基づいて，下図のような系統図で示しているが，これによれば，ロシア語はスラブ語派の中に位置している。本稿では図中の注目したい部分を四角い枠で囲んだ。

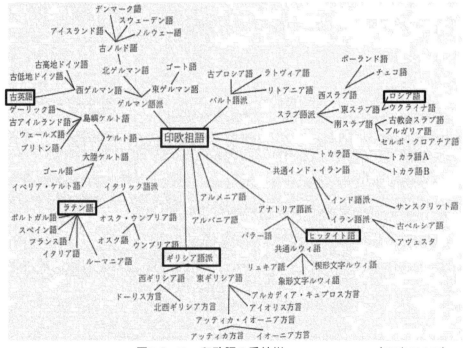

図ＤＩ-10　印欧語の系統樹　　　　　　　　吉田(1996:54)

また，松本(2006:26)は印欧諸語を次表のように年代順に分類している。この表においても注目したい部分に枠を設定した。

- 8 -

DI論文　　格表示は名詞と動詞の間でなされる

表DI-4　印欧諸語分類図（年代順）　　　　　　　　松本(2006:26)

		前2千年紀	前1千年紀	紀元後	現　　代
インド・イラン語派	インド語派		ヴェーダ語 サンスクリット語 パーリ語 プラークリット語		ヒンディー語 ウルドゥー語 マラティー語 ネパール語 ベンガル語 アッサム語 シンハラ語 その他
	イラン語派		古代ペルシア語 †アヴェスタ語	パーレヴィー語 ソグド語 ホータン・サカ語 ホレズム語	現代ペルシア語 バローチー語 クルド語 パシュトー語 ヤグノービー語 オセット語 その他
トカラ語				†東トカラ語 †西トカラ語	
アナトリア語派		†ヒッタイト語 †パラー語 †ルウィ語	†象形文字ルウィ語 †リュキア語 †リュディア語		
アルメニア語				古典アルメニア語	現代アルメニア語
ギリシア語		†ミュケナイ・ギリシア語	古代ギリシア諸方言 コイネーのギリシア語	中世ギリシア語	現代ギリシア語
バルカン語派			†イルリュア語 †トラキア語 †ブリュギア語		アルバニア語
イタリック語派			古典ラテン語 †オスク語 †ウンブリア語	中世ラテン語 俗ラテン語 （ロマンス祖語）	ポルトガル語 スペイン語 カタロニア語 プロヴァンス語 フランス語 イタリア語 ルーマニア語
ケルト語派	ゲール語			古アイルランド語	アイルランド語 スコットランド語 マン島語
	ブリタニア語				ウェールズ語 ブルトン語
ゲルマン語派	東ゲルマン語			†ゴート語	
	北ゲルマン語			古ノルド語	ノルウェー語 スウェーデン語 デンマーク語 アイスランド語
	西ゲルマン語			古英語 古低地ドイツ語 古高地ドイツ語	現代英語 オランダ語 ドイツ語
バルト語派				†古プロシア語	リトアニア語 ラトヴィア語
スラヴ語派	南スラヴ語			古教会スラヴ語	ブルガリア語 セルボ・クロアチア語 スロヴェニア語
	東スラヴ語				ロシア語 ウクライナ語 ベラルーシ語
	西スラヴ語				ポーランド語 チェコ語 スロヴァキア語

※ ☐ の枠設定は今泉による。

ＤＩ.7　印欧語の語順は日本語と同じOV型であった

ＤＩ.7.a　ヒッタイト語……日本語と同じSOV型

　表ＤＩ-4 に見るように，ヒッタイト語は印欧諸語の中で最も古い言語に属するのであるが，松本(2006:43)は「印欧語の古い語順の型を知るためには，ヒッタイト語の証言がとりわけ重要である。」と述べ，「**ヒッタイト語は，およそ前 1600 から前 1200 年にいたるその記録時代の全般を通じて，印欧語としては最も首尾一貫したSOV型の言語である。**」としている。日本語と同じ型である。「すなわち，述語動詞は圧倒的な比率で文末位に現れ，**接置詞はすべて後置されて前置詞の用法は全く見られない。**」と続けている。松本の言う「接置詞」とは「名詞の広い意味での文法関係を表す形式」のことで，本稿では「格詞（格表示形式）」に相当する。さらに松本(2006:43)は「**古い時期の印欧語には一貫したVO型の言語が皆無である**」としている。

　つまり，**印欧諸語は元来日本語と同じOV型であったもの**と考えられる。このOV型(日本語型)の諸言語がVO型(英語型)の言語へと変化した事実について，松本はラテン語に起こった次のような変化による影響が大きいとしている。

ＤＩ.7.b　ラテン語……SOV型(日本語型)からSVO型(英語型)へと変化

　松本(2006:42)はラテン語について，「最古期のラテン語の語順の特徴は，サンスクリット語のそれに近いもので，基本語順はかなり厳格なSOV」であったと言う。これが古典期（紀元前1世紀～紀元後3世紀）になると，動詞の位置は文末位が優勢ではあるものの，語順がかなり自由になったとし，次表を掲げている。

表ＤＩ-5 古典ラテン著作家における基本語順：動詞の末尾位置　松本(2006:42)

[　]は今泉補記

ラテン著作家	主文～従属文	
カエサル（ガリア戦記）	84%～93%	[紀元前1世紀]
サルスティウス	75%～87%	[紀元前1世紀]
カトー	70%～86%	[紀元前2～3世紀]
タキトゥス	64%～86%	[紀元　1～2世紀]
リヴィウス	63%～79%	[紀元前1世紀]

　この表によれば，紀元前後ごろに諸著作家の文章において主文の動詞の位置が文末でなくなり始めていたことが分かる。動詞が日本語と同じ文末にある割合が減り始めていたのである。ただし，従属文の中では動詞が文末に保たれている割合は主文より高く，従属文は相対的に保守的であったことも表から分かる。

　この古典期のラテン語はその後「俗ラテン語」の時期を経てイタリア語やスペイン語等の「ロマンス語」を生むことになるが，「俗ラテン語」の時期には「たとえば，紀元後4～5世紀の『イェルサレム巡礼記 Peregrinatio Aetheriae』で，動詞の末尾位置は，主文で 25 ％，従属文で 37 ％と激減」(松本 2006:43) しており，かなりVO化が進んだ。

　以上の推移を簡単な時間軸の上に示せば次の図のようになるであろう。

ＤＩ論文　格表示は名詞と動詞の間でなされる

図ＤＩ-11　ラテン語のＳＯＶ（日本語型）からＳＶＯ（英語型）への時間的推移

　SOV型(日本語型)では格はNとVの間で(N-格　V)，つまり名詞Nの後ろで示すので，古期ラテン語は次表のような，格を**名詞後部**で表す「**格組織**」を持っていた。この点で，格を表す格詞を名詞の後ろに置く日本語と似ていた。

表ＤＩ-6　ラテン語の名詞の格変化　（名詞後部に現れる格組織）　松本(2006:45)

		Ⅰ (女主人)	Ⅱa (主人)	Ⅱb (贈物)	Ⅲ (王)
単数	主格	domina	dominus	dōnum	rēx(rēg-s)
	対格	dominam	dominum	dōnum	rēgem
	属格	dominae	dominī	dōnī	rēgis
	与格	dominae	dominō	dōnō	rēgī
	奪格	dominā	dominō	dōnō	rēge
複数	主格	dominae	dominī	dōna	rēgēs
	対格	dominās	dominōs	dōna	rēgēs
	属格	dominārum	dominōrum	dōnōrum	rēgum
	与格	dominīs	dominīs	dōnīs	rēgibus
	奪格	dominīs	dominīs	dōnīs	rēgibus

（この格組織は俗ラテン語からロマンス語にいたる段階でほぼ完全に崩れ去った。）

表中( )内の語意は今泉補充

　その後，VがNの前に出てSVO型(英語型)に変化して，格をVとNの間で(V　格-N)，つまり名詞Nの前で表すことになり，「**前置詞**」が生まれた。格を前置詞の形で示すことになったので，この**名詞N後部の格組織は不要**となり，「**ほぼ完全に崩れ去**」った（松本2006:48）。このことを概念図にすれば下図のようになるだろう。

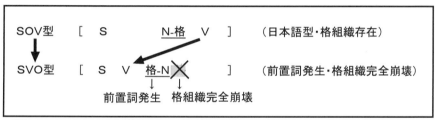

図ＤＩ-12　ＳＶＯ型（英語型）への変化で前置詞が発生し，格組織が崩壊した

例として，ロマンス語のひとつである現代スペイン語の文を示しておきたい。

Ella　　trabaja　　en la oficina　　hasta las cinco.
彼女　　働く　　　で‐オフィス　　まで‐5時

下線部が前置詞である。SVO型になっていて，前置詞が使われ，名詞の後部に格組織を示すものはない。

　ラテン語ではこのように，元来日本語と同じSOV型であった語順が，紀元前後に英語型であるSVO型の語順へと変化を始めた結果，前置詞が発生し，古い格組織が不必要となり崩壊した。当時の文化的先進地帯であったローマに起こったこの劇的な語順変化は，次第にヨーロッパ北部・東部へと拡散していった。

ＤＩ.7.c　ゲルマン語（英語）……もとは日本語と同じSOVであった

　ゲルマン語にも波及した。英語の場合を松本(2006:43)はこう述べている。「基本的にはSOV型であった古英語の末期から中期英語にかけての 3 〜 400 年の間に，語順を含めて文法構造の全般が激しい変化をこうむり，現在見るような語順の型が出来上がったのは，ようやく近世の初めになってからである。」そして，その変化に関する Ch. フリーズの調査（Fries 1940）を次表の形で紹介している(松本 2006:139)。

表ＤＩ-7 英語における語順の変化　　　（松本 2006:139）　　　表中（ ）は今泉補記

	c.1000	c.1200	c.1300	c.1400	c.1500
目的語－動詞	52.5%	53.7%	40.0%	14/3%	1.9%（日本語型）
動詞－目的語	47.5%	46.3%	60.0%	85.7%	98.1%（英語型）

　　　　　　（Fries 1940:201 では "Acc-obj. before verb" "Acc-obj. after verb" のように英語で記述され，枠はない。上表中の 53.7%はフリーズの原表では52.7%となっており，40.0%は 40 ＋%，60.0%は 60 －%，14/3%は14.3%，1.9%は 1.87%，98.1%は 98.13%となっている。）

　この表から，英語の語順には，紀元 1000 年ごろには，SOV型(日本語型)とSVO型(英語型)がほぼ同等の割合で存在していたが，500 年後の 1500 年ごろに，ほぼ完全なSVO型になったということが見てとれる。英語が完全なSVO型(英語型)になったのは今から 500 年前にすぎないのである。

　松本 2006:165 は，「日本語のOV的配列は，支配の方向性が驚くほど首尾一貫した最もプロトタイプに近い型と言ってよい。」とし，「この語順の型は，現存資料で遡りうる最古の時代から，基本的にほとんど変化が」ない，としている。英語は，この語順不変性を持つ日本語とは対照的な言語である。英語のSVO性が比較的新しいものであるということは認識しておく必要がある。

　ちなみに，ドイツ語は，生成文法では，基本語順が日本語と同じSOV型であるとしている(たとえば 吉田 1995:8)。また，従属節の中ではいまだにSOV性が強い。従属節内部は保守性が高いからであろう。ドイツ語等の歴史も検討する必要がある。

- 12 -

DⅠ論文　　格表示は名詞と動詞の間でなされる

なお，ギリシア語にはすでに紀元前1200年ごろにSVO型が現れ始めていることから，松本(2006:143)は「ギリシア語は印欧諸言語の中で最も早い時期にVO統語型の方向へ歩みはじめた言語」であるとし，この傾向がラテン語からロマンス諸語へと受け継がれていったと考えている。この推移は，概略次のように示せるであろう。

ギリシア語	→	ラテン語	→	ヨーロッパ諸語
紀元前千年紀ごろ		紀元後数百年後		英語は1500年ごろ

図DⅠ-13　印欧諸語がSOV型(日本語型)からSVO型へ移行した時期

DⅠ.8　ロシア語もSOV型(日本語型)からSVO型へ
DⅠ.8.a　ロシア語の特徴がつかめるのは14世紀後半以降

以上見てきたことから，印欧語であるロシア語の語順もSOV型(日本語型)からSVO型(英語型)へと変化したものと考えられる。

ただし，佐藤（2012:20）はロシア語の明確な特徴が形成されたのは14世紀後半(日本では室町時代)以降であるとし，それ以前の東スラブ人が残したロシア語の母体になる文献資料でさえ11世紀前半(日本では平安時代後半)までしか遡ることができないとしている。つまり，それ以前は文献資料には依拠できないのである。

本稿がここで行っている推論は，まだロシア語（スラブ語）として形をなす以前の，文献記録で実証できない時期に想定する推論であることになる。しかし，この推論が正しいとすれば，問題の現代語の文ではいまだにSOV型(日本語型)の性質が保たれていることになる。

　　　　Я　пишу　письмо　брату.　　（私は兄に手紙を書いている。）
　　　　私　書く　　手紙　　兄-に　　〈Ya pishu pisimo bratu.〉

確かに，語順が日本語と同じSOV型であった時期の，格表示が名詞と動詞の間でなされる(N-格 V)という特徴，つまり後置式(N-格)である特徴が現代語に残っているのだということになる。ロシア語(スラブ語)では11世紀より前は文献では実証できないが，印欧語の歴史からして，こう推論するのが妥当であろうということになる。このことを概念図にすれば下図のようになる。

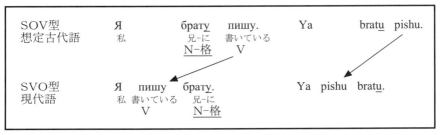

図DⅠ-14　10世紀以前の推定古代語のSOV型(日本語型)から現代語のSVO型(英語型)へ

ＤⅠ.8.b　ロシア語は格組織温存……二重の格表示に

　印欧語一般としてSOV型(日本語型)からSVO型(英語型)に変化したため，ロシア語も格表示のための前置詞を持つことになった。たとえば，現代語の

　　　Я приехал из Японии.　　（私は日本から来た。）
　　　私　　来た　から-日本　　Ya priehal iz Yaponii.

という文で，名詞「日本 Японии〈Yaponii〉」は，「から」を意味する「из〈iz〉」という前置詞を用いて，離脱点を示す格にあることを示している。

　ロシア語でもこのようにSVO型に変化して前置詞が発生したのである。それで，名詞の後ろの格組織は不要となったはず，であった。ところが，ラテン語の場合と異なり，この**格組織が崩壊することはなかった**。上の「日本 Японии〈Yaponii〉」は実は「日本 Япония〈Yaponiya〉」の生格形なのである。

主格	Япония	(日本が)	〈Yaponiya〉
生格	Японии	(日本の)	〈Yaponii〉
与格	Японии	(日本に)	〈Yaponii〉
対格	Японию	(日本を)	〈Yaponiyu〉
造格	Японией	(日本によって)	〈Yaponiei〉
前置格	Японии		〈Yaponii〉

　つまり，現代ロシア語は格を表示するのに「新たに生じた前置詞」と「格組織」の二重の形式を用いているのである。このことを概念図にすれば下図のようになるだろう。

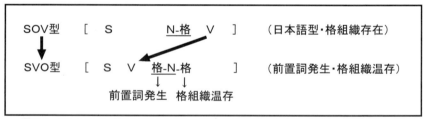

図ＤⅠ-15　ロシア語はＳＶＯ型への変化で格組織を温存し二重の格表示へ

　この格の二重表示法を現代語の次の例で確認したい。

　　　Дети　стояли　с букетами　в руках.
　　　子どもたち　立っていた　と共に-花束(造格)　に-手(前置格)
　　　（子どもたちは花束を手に持って立っていた。）
　　　〈　Deti　stoyali　s buketami　v rukah.　〉

確かに，с букетами〈s buketami〉と в руках〈v rukah〉において格表示の二重性が確認できる。

　英語であれば，名詞後部の格組織が消滅しているので，前置詞だけでよく，with a bouquet / in hand のように，名詞後部の変化は必要ない。(ただし，英語でも with him のように，代名詞の場合だけは格変化が残っていて，二重格表示となっている。)

DI論文　　格表示は名詞と動詞の間でなされる

　ロシア語がこのようにSVO型（英語型）になっても奇跡的に**古い格組織を温存した理由**について，松本（2006:48）は，ユーラシアで最も発達した格組織をもつフィノ・ウゴル諸語と接触していたためであるとしている。（結婚等日常生活での言語交流が密であったためである。）（これに関しては，ドイツ語等の場合も考える必要がある。）

　以上により，第2の疑問「ロシア語でもこの仮説が成立するか」に対する解答が，印欧語としての類似性を考慮すれば，「成立する」という形で得られたことになる。SOV型（日本語型・格組織保持）時代とSVO型（英語型・前置詞使用）時代の両方でこの仮説が成立することが考えられるからである。

> **第2の疑問への解答**
> 　現代ロシア語には前置詞があり，**格表示は名詞と動詞の間でなされている**と考えられる。ただし，名詞の後部にも格表示要素があるが，これは古代印欧語としてのSOV型（日本語型）の名残である。

　ロシア語については別の新たな疑問がわく。単純性をめざす結果として，逆に二重の格表示になってしまい，複雑性が増してしまった。これは過渡的な一時的な現象で，数百年の後には解消されることになるのか。その方向はすでに始まっているのか。関心をもって見守りたい（次節参照）。

DI.9　なぜSOV型（日本語型）がSVO型（英語型）に移行する必要があったのか
　次にこの疑問が生じる。

> **第3の疑問**　　印欧語はなぜSVO型に移行しなければならなかったのか。

DI.9.a　格表示の複雑さ解消のためにSVO型（英語型）に移行
　同じSOV型（日本語型）でも，印欧語の名詞後部の「格組織」は，日本語の「格詞」とは異なり，**性と数と格の混在する，いわゆる「屈折性」**を持つようになってしまった。（「屈折」は名詞では「曲用」，動詞では「活用」ともいう。）表DI-6で見たように，たとえば，主格ひとつを取ってみても，日本語なら，「主人（たち）が」の「が」で済むところを，男性か女性かで，また単数か複数かで，次のような異なる形を使わなければならなかった。

　主人（たち）<u>が</u> …… domina（女単），dominus（男単），dominae（女複），dominī（男複）

　対格も，日本語なら「主人（たち）を」の「を」で済むところを次のように言い分けねばならなかった。

　主人（たち）<u>を</u> …… dominam（女単），dominum（男単），dominās（女複），dominōs（男複）

　この屈折性が印欧語の優越性とみなされる傾向もあったが，実はこの屈折性は，複

- 15 -

雑性でもあり，**不透明性**でもあった。分析しにくく，そのまま記憶(暗記)して使用せざるを得なかった。学習者にとっても重い負担であった。

　この格組織を日本語の膠着性の格詞(が，を等)のように単純な，透明性の高いものに戻すためには，複雑になってしまった名詞後部の**屈折性を解消**すればよかった。しかし，それはかえって新たな混乱を生じさせる恐れがあった。そこで名詞後部の格組織の改良使用を断念して，かわりに思い切って**動詞VをOの前に出して**，そのVとOの間に格表示の**前置詞を創り出す**という方法を取ることになった。

　それで，第3の疑問への解答として，このような仮説が立つ。

　第3の疑問への解答……仮説

　　　印欧語のSOV型(日本語型)では，日本語等と異なり，**名詞後部の格表示が屈折性を持って複雑になってしまった**。その屈折性という不透明性と決別するために，思い切ってVをOの前に出して，VとOの間に新たに格を表示する前置詞という形式を創り出した。それでSVO型が生じたのである。

　動詞Vを名詞の前に置けば，格表示形式は，動詞と名詞の間（つまり名詞より前）に置けばよかった。**格表示形式としての新しい単純な前置詞を創れば良かった**。名詞そのものは名詞の後部で形を変える必要がなくなった。

　　　　I　go　<u>to</u> school　<u>by</u> bus.

　また，判断の上で重要で使用頻度の高い，主格，対格の格表示は不要となった。

　　　　<u>I</u>　read　<u>a</u>　book.

　SVO型(英語型)が人類にとってよりふさわしい語順であるからこれをめざした，というわけではないのであろう。印欧語では，SOV型(日本語型)のO(名詞)が屈折性を持ったために複雑になってしまったので，単純性を取り戻したかった。しかし，昔のSOV型(日本語型)に戻そうとしては，さらに混乱を招く恐れがあった。それで，思い切って動詞を名詞の前に出してVOの型に変えたのであろう。

ＤⅠ.9.b　日本語の膠着性は構造を把握しやすい……日本語構造伝達文法

　SOV型(日本語)の元来持つ**膠着性**については，松本(2006:50)も，「膠着性とは，要するに，接辞法における透明性にほかならない。」と述べている。印欧語のSOV型が持つに至ってしまった**屈折性**は，日本語の**膠着**の透明性に対して，解消されるべき不透明性にほかならなかったのである。

　幸いにも屈折性を持つことを免れた日本語のようなSOV型では単純な膠着性を保ってきた。順次付加されるそれぞれの文法要素は，分析して取り出しやすく，機能が捉えやすく，したがって構造が理解しやすいという特徴を持っている。

　「日本語構造伝達文法」は，このSOV型(日本語型)の膠着性の，分析のしやすさと構造の把握しやすさのおかげで誕生したと言える。図ＤⅠ-16，-17 として一例を挙げる。

- 16 -

彼が 飲んだ 薬は よく 効いた ようです。　（□内は発音せず。）
kare-ga nom-i=t-∅=ar-u kusuri-∅₁-wa yo.k-u kik-i=t-∅=ar-u yoo-de=ar-i=mas-u
　　　　n-d

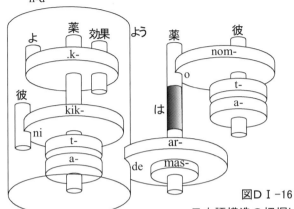

図ＤⅠ-16
日本語構造の把握しやすさの一例(1)

上の例は「薬」が「は」により主題化されており，「薬」についての不確かな断定を表している。この主題化をはずせば，下の構造のように事象全体が断定の対象となる。

彼が 飲んだ 薬が よく 効いた ようです。　（□内は発音せず。）
kare-ga nom-i=t-∅=ar-u kusuri-ga yo.k-u kik-i=t-∅=ar-u yoo-de=ar-i=mas-u
　　　　n-d

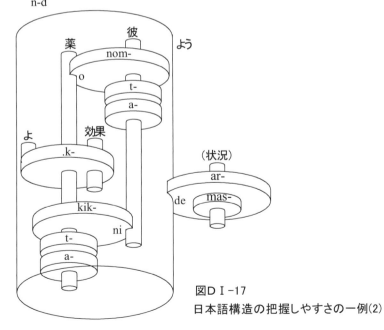

図ＤⅠ-17
日本語構造の把握しやすさの一例(2)

図DⅠ-16は「は」による主題を持ち、図DⅠ-17は主題を持たない。

細かい説明はここではしないので、『日本語構造伝達文法』ないしは『日本語のしくみ』の関係部分に当たっていただければ幸いである(右ページの既刊書リスト参照)。

DⅠ.10 結論

第1，第2の疑問への肯定的な解答から「格表示は名詞と動詞の間でなされる」という仮説はSOV型，SVO型の両方(全言語の 85 ％を占める。)において基本的に成立するであろうということになった。

今回は名詞の格を中心とする考察であったが、これだけでも、印欧語ももとは日本語と同じSOV型であったことがより明確になった。また、第3の疑問となった、「なぜ印欧語がSOV型からSVO型に変化したのか」についても考察し、名詞の屈折性(格表示の複雑性)からの決別のためであったとの仮説を得た。

DⅠ.11 今後の課題

いくつかの今後の課題が出てきた。

① 今回はSOV型(日本語型)とSVO型(英語型)での考察となった。この2者で世界にある現在の語順のほぼ85％を占めるが、残りのほぼ15％を占めるその他の語順型でも本稿での仮説が成立するかどうかにつき確認する必要がある。(中国語の扱いについての検討が必要である。)

② また、SVO型(英語型)も、元来SOV型(日本語型)であった可能性が高く、人類にとってのSOV型(日本語型)の本源性・重要性を探ることも必要と思われる。

われわれ現生人類はミトコンドリア・イブ1人を理論的・起源的な母として持つ、という学説もある。その真偽はともあれ、いずれにせよ起源的な人間の存在は想定できるであろう。とすれば、そのおおもとの言語は日本語型のSOV型であった可能性が高い。

右図はこれを概念図にしたものである。数字は表DⅠ-2から得た百分率である。(点線の部分は本稿では扱っていないので、その妥当性についての調査は今後の課題である。)

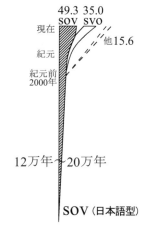

言語は元来SOV型(日本語型)か
図DⅠ-18

③ 言語は透明性・単純性をめざしているもののようである。屈折性は、これをめざす過程で、言語的な工夫が逆の結果をもたらしてしまったものと考えられる。現代言語研究の中心に位置している観のある英語なども、単純性をめざす変化の過程にある

ＤＩ論文　　格表示は名詞と動詞の間でなされる

ものとみられる。

　日本語は，松本（2006:165,167）によれば，「インド亜大陸のドラヴィダ諸語，アジア北・東部のアルタイ諸語と共に，ＯＶ言語圏の中の最も安定したタイプに属し」，類型論的に見る限り，古くから基本的にほとんど変化がなく，**世界に最も仲間の多いきわめて平均的かつ標準的な言語である。**言語の世界で特異な位置を占めるのは，むしろ西洋の近代諸語」である。

　日本語は，文字の問題は別として，言語自体は，文法要素の透明性も高く，分析しやすく，構造の把握しやすい言語である。改めてこの観点から言語研究における日本語研究の重要性を捉え直してみる必要がある。

※引用部内の文字のゴシック化は今泉が施した。
※本稿は今泉の定年退職最終講義の前半をまとめ，『言語と交流』第 18 号（2015 年）に掲載したものである。本書への収載にあたり加筆した。

[日本語構造伝達文法] の既刊書リスト
[研究書]
① 『日本語構造伝達文法　[改訂 12]』今泉喜一（2000，改訂 2012）揺籃社
　　　構造モデル，時間等，「日本語構造伝達文法」の基本的な考え方を述べる。

② 『日本語構造伝達文法　発展A』今泉喜一（2003）揺籃社
　　　主格・を格／テ形音便／タ形／絶対・相対テンス／従属節等について述べる。

③ 『日本語態構造の研究－日本語構造伝達文法　発展B－』今泉喜一（2009）晃洋書房
　　　原因態・許容態／二段活用の発生と一段化／態拡張による新動詞の発生を扱う。

④ 『主語と時相と活用と－日本語構造伝達文法・発展C－』今泉喜一（2014）揺籃社
　　　主語・二重主語／うなぎ文／活用の新しい捉え方／古代語の時相等を扱う。

[入門書]
⑤ 『日本語のしくみ(１)－日本語構造伝達文法S－』今泉喜一（2015）揺籃社
　　　構造の基本(3主格，否定，活用，時相)／複主語／態(許容態，原因態，受影態)

⑥ 『日本語のしくみ(２)－日本語構造伝達文法T－』今泉喜一（2016）揺籃社
　　　時と局面／事象と局面表示／絶対時・相対時／時間表現4種類／時間の否定

⑦ 『日本語のしくみ(３)－日本語構造伝達文法U－』今泉喜一（2017）揺籃社
　　　形容詞／形容詞10構造／形容詞複主語／形容詞否定構造／形容詞時間表現

ＤⅠ参考文献

池田　潤　　　（2011）『ヘブライ語文法ハンドブック』白水社
泉井久之助　（1968）『ヨーロッパの言語』岩波書店
今泉　喜一　（2012）『日本語構造伝達文法　[改訂12]』揺籃社
今泉　喜一　（2003）『日本語構造伝達文法　発展Ａ』揺籃社
今泉　喜一　（2009）『日本語態構造の研究－日本語構造伝達文法　発展Ｂ－』晃洋書房
今泉　喜一　（2014）『主語と時相と活用と－日本語構造伝達文法　発展Ｃ－』揺籃社
大西　泰斗ほか（2011）『一億人の英文法』ナガセ
小沢　重男　（1968）『モンゴル語の話』大学書林
亀井　孝ほか・編（1988～1996）『言語学大辞典』全6巻　三省堂
菅野　裕臣・監修（1987）『朝鮮語を学ぼう』三修社
呉　茂一　　　（1952）『ラテン語入門』岩波書店
言語と交流研究会　（2015）『言語と交流』第18号　凡人社
小泉　保　　　（1994）『ウラル語統語論』大学書林
高津　春繁　（1954）『印欧語比較文法』岩波書店
高津　春繁　（1992）『比較言語学入門』岩波書店
佐藤　純一　（2012）『ロシア語史入門』大学書林
城田　俊　　　（1993）『現代ロシア語文法』東洋書店
ジャン・コラール・著　有田　潤・訳（1968）『ラテン文法』白水社
竹内　和夫　（1970）『トルコ語文法入門』大学書林
竹内　和夫　（1991）『現代ウイグル語四週間』大学書林
辻　直四郎　（1974）『サンスクリット文法』岩波書店
角田　太作　（1991）『世界の言語と日本語』くろしお出版
R.M.W.ディクソン・著　大角　翠・訳（2001）『言語の興亡』岩波書店
中島　悠爾ほか（2003）『必携ドイツ文法総まとめ－改訂版－』白水社
バーナード・コムリー・著　松本　克己ほか・訳（1992）『言語普遍性と言語類型論－
　　統語論と形態論』ひつじ書房
服部　四郎・編（1971）『言語の系統と歴史』岩波書店
久松　健一　（2000）『携帯〈万能〉フランス語文法』駿河台出版社
藤田　五郎　（1974）『テーブル式　ドイツ語便覧』評論社
H.ブラッドリ・著　寺澤芳雄・訳（1982）『英語発達小史』岩波書店
北京大学中文系現代漢語教研室・編　松岡榮志ほか・監訳（2004）『現代中国語総説』
　　三省堂
町田　健　　　（2008）『言語世界地図』新潮社
松本　克己　（2006）『世界言語への視座－歴史言語学と言語類型論』三省堂
松本　克己　（2014）『歴史言語学の方法－ギリシア語史とその周辺』三省堂
松山　納　　　（1965）『東南アジア語の話』大学書林
山田　善郎　（1967）『インデックス式　スペイン文法表』白水社
山本　秀樹　（2003）『世界諸言語の地理的・系統的語順分布とその変遷』溪水社
吉田　和彦　（1996）『言葉を復元する－比較言語学の世界』三省堂
吉田　光演　（1995）「ドイツ語の語順の変動について」『広島ドイツ文学』9号　広島独
　　文学会
R.ルーウィン・著　保志　宏・訳（2002）『ここまでわかった人類の起源と進化』
ロドニー・ハドルストンほか・著　高橋邦年・監訳（2007）『ケンブリッジ　現代英
　　語文法入門』Cambridge University Press
Fries,Ch.（1940）On the development of the structural use of word order in Modern English,
　　Language 16 .
H.A.Jaschke（1954）*TIBETAN GRMMAR*,　Frederick Ungar Publishing co .

DⅡ論文

事象「歩く」と「走る」の異同

関口　美緒

要　旨

　両足で行う移動の動作として「歩く」と「走る」は類似性がある。その異同がどこにあるのかを構造伝達文法的に捉えて考察した。その考察の過程で得られた新たな認識を以下の５点として示すことが本論文の目的である。①事象５は構成要素のくり返しを示すが，このくり返しの中に基本的な中断の有無があり，これにより事象５は２種類に区別される。②事象の構成要素を具体的に示す表示法を示した。③この表示法により類似の事象の異同が考察しやすくなる。④その表示法で，「歩く」と「走る」の構成要素の違いを示すと，「滞空」要素の有無にある。⑤また，事象５の構成要素から一部を「取り出す」という概念を導いた。
　　　キーワード：　構造伝達文法，歩く，走る，事象構成要素，進行局面

DⅡ.1　事象を構成要素で捉えて分類する

　構造伝達文法では，事象を構成要素のあり方に応じて表１（次ページ）のように６種類に分類している（今泉，2016:30-31）。事象を構成要素で分類すると，進行状態を表す「ている」形が何を表しやすいのか説明しやすくなる。
　　［事象１］　（例：いる）は，「状態」が進行中の事象であり，進行中の局面を捉えるのにも，「ている」形にする必要がない。
　　［事象２］　（例：死ぬ）は，進行局面②がないので，「ている」形は結果状態④を表す。
　　［事象３］　（例：見る）は，継続する同一動作を表すので，「ている」形は継続動作の進行局面②を表す。
　　［事象４］　（例：着る）は，要素１組の動作なので，「ている」形は要素１組の進行中②を表す。結果状態の捉えやすい場合は，結果状態④も表しやすい。
　　［事象５］　（例：食べる）は，１組の動作構成要素がくり返される動作なので，「ている」形はくり返しの進行局面②を表す。
　　［事象６］　（例：事象２〜事象５の動詞）は，期間を単位として捉えるので，「ている」形は毎日・毎週などにおける構成要素のくり返しを表す。
　　今泉はこの表の下に，同じ動詞でも，「飲む」のように，「錠剤を<u>飲む</u>」では事象４で，「コーヒーを<u>飲む</u>」では事象５で，というふうに異なる種類の事象として捉え

日本語構造伝達文法・発展D

られることがある，と記述している。

　ここに今泉(2016：31)の表を掲げておく。これは事象(開始局面①〜完了局面③)の構成要素を分析して，テイル形の表す局面について示したものである。

表DⅡ-1 事象の構成要素　　　　　　　　　　　今泉(2016：31)の表

事象番号と事象例	テイルの表しやすい局面	局面②のテイル
事象1　いる　　　　　　(ここに) いる ② / ① ② ③	テイルなし	テイルなし
事象2　死ぬ ①②③ ④ ⑥	死んでいる 局面④⑥	局面②のテイルなし
事象3　見る ① ② ③ ④ ⑤ ⑥	見ている 局面②(か④)	見ている 継続中
事象4　着る　(ゆかたを着る) 要素1組…片袖に腕を通す(▮)－別の袖に(▮)－前合わせ(▫)－帯しめ(▪) ① ② ③ ④ ⑤ ⑥	着ている 局面②か④	着ている 要素1組が1回生起中
事象5　食べる 要素1組…食べ物を口に入れる(▮)－かみ砕く(▮)－飲み込む(▪) ① ② ③④⑤⑥	食べている 局面②	食べている 要素1組がくり返し中
事象6　(毎日)食べる 1日　1日　1日　1日 ① ② ③④⑤⑥	(毎日)食べている 局面②	(毎日)食べている **基本事象**がくり返し中

- 22 -

DⅡ論文　　事象「歩く」と「走る」の異同

DⅡ.2　事象5は2種類に分類できる

　今泉の指摘するように,「飲む」という同じ動詞でも,［事象4］「錠剤を飲む」のように1回飲み込むだけで終了する場合は事象4として捉えられ,［事象5］「コーヒーを飲む」のように何回も飲み込むことをくり返して1杯を「飲む」ことが終了するような場合は事象5として捉えられる。

［事象4］(4)「錠剤を飲む」の構成要素には3要素がある。
　　　　錠剤を口に入れる(▮)－水を口に含む(▮)－両者を嚥下する(▪)

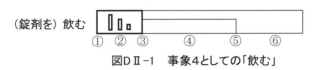

図DⅡ-1　事象4としての「飲む」

［事象5］「飲む」で検討すると,事象5は,実は2つの場合が考えられる。
　　※この事象5に2種類のあることについての直接の言及は,今泉(2016)は行っていないが,今泉(2016)の問T2-11とその解答例に関係の記述がある。
　(5a) 立て続けに飲む場合……たとえば「コップの水を飲む」
　(5b) 立て続けに飲まない場合……たとえば「コーヒーを飲む」

この両者には構成要素に違いがある。(5a)の「コップの水を飲む」場合には,ゴクゴクと飲むので,ふつう1杯を飲みきるまで「飲むことの休止」が入らない。一方,(5b)の「コーヒーを飲む」場合には,一口飲んではカップを置くので,「飲むことを休止する」という要素がある。それで,「彼はいまコーヒーを飲んでいる」と表現する場合には,事象4として見れば,飲んでいないときもあるわけである。

事象5(5a)　コップの水を飲む
　　　　水を口に入れる(▮)－水を嚥下する(▮)　　これをくり返す

図DⅡ-2　事象5(5a)としての「飲む」

事象5(5b)　コーヒーを飲む
　　　　コーヒーを口に入れる(▮)－コーヒーを嚥下する(▮)－休止する(▪)
　　　　これをくり返す

図DⅡ-3　事象5(5b)としての「飲む」

- 23 -

この(4)(5a)(5b)は基本的な場合であり，多くの場合は適宜，柔軟にいずれかとして捉えることになる。「コップの水を飲む」は基本的には(5a)でありながら，休止の入る場合もありうる。しかし，ここでは基本的な場合を中心に考える。

ほかの同様の例を挙げれば次のようになる。

事象5 (5a) 同じ動作のくり返しの間に基本的にその動作の休止を含まない事象
「歩く」「走る」「泳ぐ」「(うどんを)食べる」

事象5 (5b) 同じ動作のくり返しの間に基本的にその動作の休止を含む事象
「(店で)売る」「(相手と)話す」「(長編小説を)読む・書く」

本稿で扱う事象は「歩く」と「走る」であり，両者とも(5a)の基本的に同じ動作のくり返しが間断なく続けられる事象である。（ただし，現実にその動作を行う場合，休止を含むか含まないかについては柔軟に捉える必要がある。）

DⅡ.3 「歩く」と「走る」の構成要素
DⅡ.3.a 「歩く」と「走る」を対比させる

「歩く」と「走る」は両足を使っての移動ということで類似している事象であるが，ここではこの両者の違いを明確に表現できるように構成要素を分析することにする。この構成要素を考えるうえで，国語辞典での捉え方を参考にすることにしたい。

国語辞典による記述

国語辞典にもいろいろな記述のしかたのあることが分かる。

○『国語辞典』（三省堂，2008）
「歩く」 ①足をかわるがわる前に出し，地面をふんで進む。
「走る」 ①足で地面をうしろへけるようにして速く進む。

○『現代新国語辞典』（学研，2002）
「歩く」 〔自分自身の〕足をかわるがわる動かして進む。
「走る」 〔人や動物が〕とびはねるように足を速く動かして，前に進む。

○『明鏡国語辞典』（大修館，2010）
「歩く」 両足が同時に地面から離れないような足の運び方で進む。
「走る」 人や動物が足を交互にすばやく動かして移動する。

○『新明解国語辞典』（三省堂，2012）
「歩く」 〔常に，左右いずれかの踵ｶｶﾄを地に着けた状態で〕足を交互に前へ出して，進む。
「走る」 〔人間・鳥獣が〕足で地面を蹴ｹるようにして速く移動する。

以上の国語辞典の記述では十分明確になってはいないが，「歩く」では「両足が同時に地面から離れる局面はない」が，「走る」では「両足が同時に地面から離れる局面がある」（田口ほか：2010 等参照）。

- 24 -

DⅡ論文　　事象「歩く」と「走る」の異同

DⅡ.3.b　構成要素の図示法2種類

　国語辞典の記述等を参考にし，また実際の動作を観察することにより，「歩く」と「走る」の構成要素は次のように分析・図示できる。

「歩く」
　　［要素1］　　足Aを軽く上げる
　　［要素2］　　足Bで地面を押し，体を前方に移動する
　　［要素3］　　足Aを前方に下ろして上体を前方に移動する
　　［要素1'］　足Bを軽く上げる
　　［要素2'］　足Aで地面を押し，体を前方に移動する
　　［要素3'］　足Bを前方に下ろして上体を前方に移動する
　　　　　　［要素1］〜［要素3］が「1歩」と表現される。

図DⅡ-4　構成要素内容を示す「歩く」の図

「走る」
　　［要素1］　　足Aを上げる
　　［要素2］　　足Bで地面を強く蹴り，体を滞空で前方に移動する
　　［要素3］　　足Aを前方に下ろして上体を前方に移動する
　　［要素1'］　足Bを上げる
　　［要素2'］　足Aで地面を強く蹴り，体を滞空で前方に移動する
　　［要素3'］　足Bを前方に下ろして上体を前方に移動する
　　　　　　「歩く」と異なり，［要素1］〜［要素3］は「1走」ではなく，
　　　　　　「1歩」のままである。つまり「1歩」はあるが，「1走」はない。

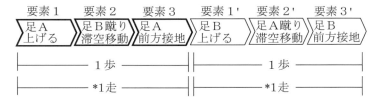

図DⅡ-5　構成要素内容を示す「走る」の図

　この図示法は，関口（2014）の図4-6ａｂを参考にしている。
　図中の「A，B」は，左右2本の足を区別するために使用している。Aが左足ならBは右足である。逆もありうる。また，「'」の付いた「要素1'」〜「要素3'」は，

- 25 -

「'」の付かない「要素1」〜「要素3」で用いられる足とは異なる足で生起する同じ要素である。

要素の1組は2歩である。（1歩[要素1〜要素3]＋1歩[要素1'〜要素3']）

DⅡ.3.c　目的による構成要素分析の違い

国語辞典の語義記述にも視点の違いにより，さまざまな捉え方がある（DⅡ.3.a）ように，事象の構成要素をどのような視点から，どの程度細かく分析すればよいのかは，その分析の目的によって異なる。今泉（2016:35）は，動詞「走る」を事象5に属するものとし，その構成要素を次のように示した。

要素「走る」は[4要素で1組]となっていて，これがくり返します。
片足を上げる（▌）－その足を下ろして後ろに蹴る（▌）
－別の足を上げる（▪）－その足を下ろして後ろに蹴る（▪）

図DⅡ-6　今泉(2016:35)の「走る」の要素分析

確かに事象「走る」を単独で考察すればこの分析でも目的を達成することはできる。しかし，両足を使っての移動ということで類似している事象「歩く」と対比することが目的である場合でも，同じ図示になるであろう。

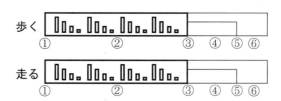

図DⅡ-7　構成要素を抽象化した「歩く」「走る」の図(4要素)

これは，今泉の図示は，事象の構成要素を**抽象化**して，①〜⑥の全局面で捉えることに目的があるためである。

これに対して，関口の前掲の図示（図DⅡ-4, -5）では，入れ物としての図は同じでも，事象（局面①〜③）の構成要素の詳細を図の中に示すことに目的がある。今泉(2016:35)が次のように示していた構成要素のそれぞれを図中に示したわけである。

片足を上げる（▌）－その足を下ろして後ろに蹴る（▌）
－別の足を上げる（▪）－その足を下ろして後ろに蹴る（▪）

ここに事象を捉えて表示する2種類の図示法があることになるわけだが，これは記述の目的に応じて使い分けることになる。

DⅡ論文　　事象「歩く」と「走る」の異同

DⅡ.4　「歩く」と「走る」の異同

[同]　抽象化された事象構成は同じ

　「歩く」「走る」の事象構成は，両者とも，要素1組がこうなっている。
　　　　　[要素1～要素3]＋[要素1'～要素3']
つまり6要素，2歩，から成り立っている。事象5の(5a)なので，基本的に同じ動作のくり返しが間断なく続けられ，その動作の休止を含まない事象にあたる。
　「歩いている」という表現も，「走っている」という表現も，くり返しの進行中を表す。今泉の上の図では，各要素が抽象化されており，この段階では両者は「同じ」であるといえる。
　関口の示す要素分析(図DⅡ-4,-5)を抽象化された表示法で示せばこのようになる。

図DⅡ-8　構成要素を抽象化した「歩く」「走る」の図(6要素)

[異1]　事象構成の異なり……具体的に見る

　構成要素を具体的に扱うと，違いが見えてくる。
　「歩く」と「走る」の構成要素1～要素3での違いを分かりやすくするために表にすると次のようになる。(この表の下に続くはずの，要素1'～要素3'はAとBを入れ替えた同様のものなので省略する。)

表DⅡ-2　「歩く」と「走る」の構成要素

	歩く	走る
要素1	Aを軽く上げる	Aを上げる
要素2	Bで地面を押し，体を移動	Bで地面を蹴り，滞空で体を移動
要素3	Aを前方に接地し，上体を移動	Aを前方に接地し，上体を移動

[要素1] では，「歩く」も「走る」も基本的には同一だが，足の上げ方が「歩く」の
　　　　方が相対的に軽い。
[要素2] では，「歩く」の場合，両足が同時に地面から離れることはない。
　　　　「走る」の場合は，両足が同時に地面から離れる「滞空」期がある。
[要素3] では，両者とも基本的には同一である。

　このように，「歩く」と「走る」では，「要素2」に顕著な違いがあり，「滞空」期の有無で異なっている。
　「違い」の第1として，このような事象構成の異なりを挙げることができる。

[異2] 「1歩」＝構成要素の半分

「歩く」も「走る」も構成要素の1組は2歩である（[要素1～要素3]＋[要素1'～要素3']）から，「1歩」といえば構成要素の半分ということになる。この「1歩」について扱いの違いがある。

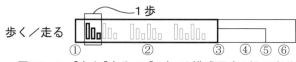

図DⅡ-9 「歩く」「走る」の「1歩」は構成要素1組の半分

「歩く」では，「1歩歩いてみてください。」と言えるが，「走る」では「＊1歩走ってみてください。」とは言えない。

「歩く」では，構成要素の1組（2歩）の全体を捉えなくとも，半分（1歩）で表現できる。これに対して，「走る」ではそれができない。少なくとも2～3歩は必要である。

　　2～3歩，走って跳んだ。

つまり，「歩く」では，構成要素の半分（1歩）が表現できるが，「走る」は構成要素の半分では表現できず，1組（2歩）からしか表現できない，と言える。

　　1歩歩くごとにため息をつく。
　　1歩歩いては立ち止まり，……。

などの表現は可能であるが，この「歩く」を「走る」に置き換えることはできない。

　　＊1歩走るごとにため息をつく。
　　＊1歩走っては立ち止まり，……。

[異3] 「1歩走る」は別の動詞になる

仮に「1歩走る」を表現するとすれば，それは要素1～要素3のことである。それは「滞空する」ことの表現となり，別の動詞「跳ぶ」で表現する事象になる。

　　水たまりがあったので，＊1歩走って渡った。

とは言わずに，

　　水たまりがあったので，（1歩）跳んで渡った（跳び越えた）。

と言うことになる。

「歩く」は1歩でも「歩く」だが，「走る」は1歩だと「跳ぶ」になる。

[異4] 「1歩歩く」は進行中で表現できない

動詞が「食べる」の場合であれば，

　　「1口食べてみてください」も「1口食べている」も言える。

しかし，「歩く」の場合は，

　　「1歩歩いてみてください」は言えるが，「＊1歩歩いている」は言えない。

つまり，「1歩歩く」は進行中の表現ができない。

- 28 -

DⅡ論文　　事象「歩く」と「走る」の異同

　これは「1口食べる」が事象4で捉えられるのに対して、「1歩歩く」は事象4ではなく、事象5から取り出した部分、しかも要素1組の半分だからである。
　「1口食べる」の構成要素は次のとおり3要素で、これで1回の動作は完成する。
　　　　　食べ物を口に入れる－かみ砕く(咀嚼)－飲み込む(嚥下)
これは事象4にあたる。

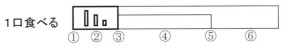

図DⅡ-10　事象4としての「食べる」

　(ただし、「1口食べている」は表現できても、局面③の「嚥下」に至っていないので、「食べる」事象は完了はしていない。)
　これに対して「1歩歩く」は、事象5から取り出した、要素1組の半分であり、事象4としては捉えられない。

図DⅡ-11　事象5の一部分である「1歩歩く」……要素1組の半分

　事象4でも「座る」のようにほぼ瞬間的な事象であれば、進行中を表現することはむずかしい。同じく事象4の「着物を着る」や「薬を飲む」なら、一定の時間がかかるのであり、「いま着物を着ている」「薬を飲んでいる」と進行中を表現することができる。
　このことから考えると、「1歩歩く」の場合は、「1歩」が事象5から構成要素1組の半分だけを取り出したものであることと、ほぼ瞬間的な事象であることから、進行中を捉えにくいものと思われる。
　これは事象を進行の局面で捉えるには一定の時間的継続が必要であることを意味している。
　なお、事象5からの「取り出し」という視点から見れば、上の[異2]で見たことは、「歩く」では要素1組の半分の取り出しが可能で、「走る」では要素半分の取り出しはできず、最小1組から取り出しが可能になるということになる。

DⅡ.5　まとめ

　本稿で行ったことは以下のことである。
・くり返しを示す事象5に、中断の有無で2種類の区別のあることを示したこと。
・「歩く」と「走る」の構成要素を示し、違いは「滞空」要素の有無にあると示したこと。
・事象の構成要素の抽象的な表示法に加え、あらたに具体的な表示法を示したこと。
・その表示法は特に類似の事象の異同を考察するのに役立つことを示したこと。
・事象5の構成要素から一部を「取り出す」という概念を導いたこと。

日本語構造伝達文法・発展D

DⅡ 参考文献

今泉喜一（2000）『日本語日本語構造伝達文法』揺籃社

今泉喜一（2016）『日本語のしくみ（2）－日本語構造伝達文法Ｔ－』揺籃社

国立国語研究所（1987）『現代日本語動詞のアスペクトとテンス』秀英出版

柴田武他（2008）『類語辞典』講談社

新宅幸憲他（2002）『スポーツ動作学入門』市村出版

関口美緒（2014）『日本語心理動詞の研究－生理的・心理的現象から言語表現までを考える―』杏林大学博士論文

田口貞善他（2010）『スポーツサイエンス入門』丸善株式会社

中原凱文他（2010）『健康科学としての運動生理学』文化書房博文社

吉川武時（1971）「現代日本語動詞のアスペクトの研究」金田一春彦編(1976)『日本語動詞のアスペクト』所収　麦書房

今井邦彦監訳（2015）『意味論キータム事典』開拓社　／　"Key Terms in Semantics" Murphy, Lynne and Koskela, Anu (2010)　Bloomsbury Publishing Plc, London

現代日本語書き言葉均衡コーパス『少納言』http://www.kotonoha.gr.jp/shonagon/search_form

---

┌─────────────────────────────┐

研究者紹介　関口美緒　Mio Sekiguchi

学歴: 駒澤大学文学部地理学科卒業

サンタアナカレッジリベラルアーツ（准学士号取得）米国・カリフォルニア州

サウスウエスタンカレッジ（運動生理学・動作学系単位取得）米国・カ州

杏林大学大学院国際協力研究科博士課程修了（学術博士号取得）

ボランティア活動: メキシコ系アメリカ人研究（教育分野）での活動

日系アメリカ人退役軍人施設での文書作成活動，　その他

職歴: 早稲田大学人間科学部中村桂子研究室（生命科学）秘書，東京都特別区大田区役所・行政職，［米国カリフォルニア州］サウスウエスタンカレッジ文学言語学部，及びパロマーカレッジ世界言語学部で非常勤講師

現職: メリーランド大学州立大学アジア校非常勤助教授

筑波大学グローバルコミュニケーション教育センター非常勤講師　その他

日本語構造伝達文法との関わり: 博士課程で今泉先生の授業を受け，論文を読み，その論理の明確さに感銘を受け，研究。

今回の論文: 専門の「心理動詞」のアスペクト研究に，経歴から身につけた運動生理学系の知識を加えて，その視点から「動作動詞」のアスペクトを捉えた。

今後の研究予定: 動詞のアスペクトを的確に分析できる方程式である「局面指示体系（今泉2000）」を使い，心理動詞のアスペクトの更なる解明を試みたい。

└─────────────────────────────┘

DⅢ論文

「無洗米」の構造と時相

木村　泰介

要　旨

　「無洗米」という新造語がある。これは「洗う必要のない米」という意味だが，従来の造語感覚からすれば，「洗ってない米」のはずである。このような新造語が可能であったのはなぜか。どう理解すればよいのか。この問題を解決するために，「無洗米」という語を「構造」と「時相」の両面で検討してみた。……その結果，この新造語は「構造」の面では従来の「無」を用いる造語法に従っていて問題はないが，「時相」の面で従来の「無」を用いた表現体系を逸脱していることが判明した。さらに，従来の表現体系の中で同じことを表現するには「無洗炊き(米)」とするのがよいということも判明した。

　　　キーワード：　無洗米　無　無の造語法　接頭　相対時

DⅢ.0　問題点

　「無洗米」は「洗う必要のない米」という意味の新造語である。しかし，従来の造語感覚からすれば，「無洗米」は「洗ってない米」であるはずである。たとえば，「無添加食品」は「添加の必要がない食品」の意味ではなく，「添加してない食品」の意味である。「無洗」を「洗う必要がない」とする新しい意味づけはどのようにして理解すればよいのだろうか。「無洗米」を「DⅢ.1　構造」と「DⅢ.2　時相」の両面から考えてみたい。

DⅢ.1　「無洗米」を構造の面から考える
DⅢ.1.無　漢語の「無」

　まず，「無」の使い方について考えてみる。

　「無」という詞は中国語から入った外来語である。外来語は日本語の中では基本的に名詞（実体）になる。名詞であるから，属性とは格関係を持つ。

　名詞ではあるが，日本語の辞書では，さらに名詞と接頭辞の2種類に分類されている。たとえば，『日本語大辞典　第二版』の「無」の項では，次のように2種類に分類している。（構造的には接頭辞も名詞である。このことは　DⅢ.1.接頭「無」を参照）。

　㊀　〔名詞〕　①ないこと，存在しないこと。　　（以下省略）
　㊁　〔接頭〕　漢語の名詞の上に付けて，そのものが存在しないこと，その状態がないことを表わす。「無免許」「無資格」「無公害」「無修正」「無抵抗」「無理解」など。

DⅢ.1.名詞「無」　名詞の「無」

「無」が名詞として扱われる例としては次のものが考えられる。
　　(1) 好意を無にする
　　(2) それは無に等しい
　　(3) 努力が無に帰す
　　(4) 無から有を生ずる

「無」は名詞であるから，構造上では実体(名詞の縦棒)で表示される。(1)～(3)の各例では「無」は「に格」にある。(4)では「から格」にある。構造は下図のとおりである。

図DⅢ-1 (彼は)好意を無にする

図DⅢ-2 それは無に等しい

図DⅢ-3 努力が無に帰す

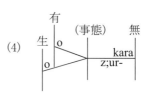
図DⅢ-4 (事態が)無から有を生ずる

DⅢ.1.接頭「無」.a　接頭辞の「無」

「接頭辞」といわれる「無」を日本語構造伝達文法で捉えると，第4修飾法で名詞を修飾する名詞の「無」であり，これは構造上の de格 や ni格 にある。第4修飾法は記号「＋」で表示する。この記号は無音で読まれる。(今泉 2003 :A16.1 参照)

たとえば，接頭辞「無」の使用されている「無人」であれば，構造は「人が無である」になっており，「無」は動詞 ar- の de格に立っている(下左図)。「人が無にある」のように「ni格」でも考えられる(下右図)。本稿では，より口語的な「de格」を中心に考察を進めることにする。

図DⅢ-5 人が無である

図DⅢ-6 人が無にある

これが「無人」のように描写(表現)される場合には，「無」が「人」を無音で修飾していることになる。構造上ではこの無音での修飾を矢印と「＋」記号で示す(下図参照)。

接頭辞の「無」は，このような第4修飾法で名詞を修飾する名詞としての「無」である。

DⅢ論文　「無洗米」の構造と時相

図DⅢ-7 ［構造］人が無である　［表現］無人（無＋人）

DⅢ.1.接頭「無」.b　「無N」に一般化

「無人」の「人」のように，接頭辞の「無」に修飾されている名詞を一般化して捉えるために，「人」に当たる名詞を「N」に置き換えることにする。すると，「無人」は「無N」となる。このとき，Nは主格にあり，下右図のような構造表示となる。

図DⅢ-8 Nが無である　　　図DⅢ-9 無N

同じような「無N」の例として，次のものを挙げることができる。

　　無害，無関係，無休，無公害，無差別，無視，無資格，無修正，無色，
　　無職，無慈悲，無抵抗，無毒，無届け，無二，無認可，無能，無比，
　　無防備，無免許，無理解，無料

DⅢ.1.接頭「無」.c　「無N」は名詞として使用される

ここにできた「無N」は名詞として使用される。

　　(5) <u>無休</u>で働く。（名詞「無休」が de格に立っている。）
　　(6) <u>無色</u>になる。（名詞「無色」が ni格に立っている。）

(5)の「無休」は，「無休」が ＋で Øの包含実体を修飾して名詞となっており，これが属性「働く」のde格に立っている(下左図)。

(6)の「無色」は，「無色」が ＋で Øの包含実体を修飾して名詞となっており，これが属性「働く」のni格に立っている(下右図)。

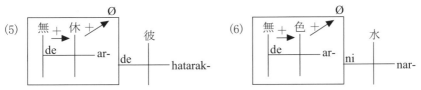

図DⅢ-10（彼Ø1）は無休で働く　　　図DⅢ-11（水が）無色になる

このように「無N」は，＋で Øの包含実体を修飾して名詞となる。ここにできる「無休」や「無色」，「無人」などの名詞を　<u>「無N」名詞</u>　とよぶことにする。

- 33 -

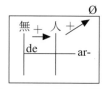
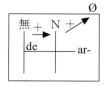

図DⅢ-12　名詞「無人」　　　図DⅢ-13　「無N」名詞

DⅢ.1.接頭「無」.d　「無N」名詞の構造上の位置

　この「無N」名詞は，次の①～③のように使用・表現される。

① 「無N」名詞が，ある動詞と格関係にあることをそのまま格で表現

　　駅Ø₁は無人deある。
　　彼らØ₁は無差別ni爆撃する。

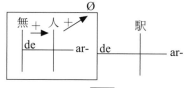
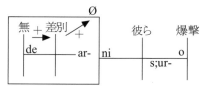

図DⅢ-14　駅は無人deある　　　図DⅢ-15　彼らは無差別ni爆撃する

　「無慈悲」のように，動詞ar-の，様態を表すni格に立つ「無N」名詞は，名詞を修飾するときは「無慈悲な」という，-na (-ni=ar-u) の形で表現(描写)される。

　　彼Ø₁は無慈悲niある。　→　無慈悲な彼　　(無慈悲 ni ar-u 彼)

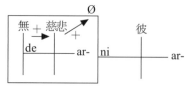
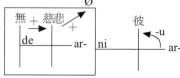

図DⅢ-16　彼は無慈悲にある　　　図DⅢ-17　無慈悲な彼　(ni ar-u)

　言い切りの形で描写(表現)するときは，de格になる。

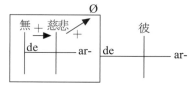

図DⅢ-18　彼は無慈悲である　　彼は無慈悲だ　(de ar-u)

DⅢ論文　「無洗米」の構造と時相

② 「無N」名詞が，関係の名詞を「の」で修飾
　　無人 no 駅
　　無差別 no 爆撃

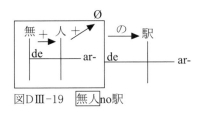

図DⅢ-19　無人no駅

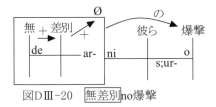

図DⅢ-20　無差別no爆撃

③ 「無N」名詞が，関係の名詞を「＋」で修飾
　　無人＋駅
　　無差別＋爆撃

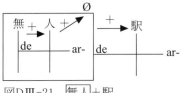

図DⅢ-21　無人＋駅

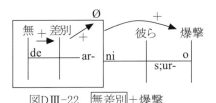

図DⅢ-22　無差別＋爆撃

　この③の場合，語の形の上では，「無人 駅」のように，「無N」名詞の後に別の名詞が続いている。このことを　「無N₁」N₂　と表示することにする。
　　「無人」駅　→　「無N₁」N₂

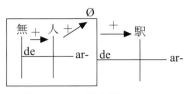

図DⅢ-23　無人駅

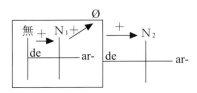

図DⅢ-24　「無N₁」N₂

DⅢ.1.接頭「無」.e　「無」は日本語構造伝達文法では「詞」

　国語文法では「接頭辞」とされている「無」も，日本語構造伝達文法の定義……形態素(意味を持つ最小の単位)を「詞」とする……に従えば，「詞」である。「辞」とよぶのは，形態素のうち，形容辞(.k-)や動辞(.r-/.mek-等)のような，それだけでは構造上に存在せず，必ず詞と融合して存在するものである。(今泉 2012〈7.2, 8.1〉参照。)
　それで，たとえば「無人駅」の「無」は，構造上では実体(名詞)として存在するので，「辞」でなく，「詞」である。つまり，「無N₁」N₂ の「無」は接頭「詞」である。

- 35 -

DⅢ.1.接頭「無」.f 「無洗米」の構造

このように見てくると,「無洗米」は,上の③の構造として捉えられることが分かる。

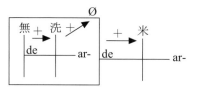

図DⅢ-25 「無洗米」の構造

これで,「無洗米」という語は構造上は問題のない語であることになる。

DⅢ.2 「無洗米」を時相の面から考える

次に,「無N_1」N_2における N_1とN_2の時間関係のあり方を考えてみたい。「時相」の面であるが,「相」よりは「時」での,さらには「相対時」での関係である。「無洗米」の「洗」と「米」の相対時的あり方について検討する。

DⅢ.2.1 ウゴキ名詞,モノ・コト名詞

N_1もN_2も,共に名詞である。しかし,「無洗米」(「無洗」米)のように,「洗」は動作を示す名詞であり,「米」はモノを示す名詞である。それで,本稿では,名詞を「ウゴキ名詞」と「モノ・コト名詞」に分けて扱うことにする。

[ウゴキ名詞]

「無N_1」N_2がたとえば,「無届け」デモ である場合,この表現を理解するとき
　　　届けないで,するデモ／デモをする　　N_1しないで,するN_2／N_2をする
のようになる。この例のように,「する」等をつけたりして,ウゴキとして理解するNを「ウゴキ名詞」ということにする。

ウゴキ名詞の示すウゴキは,以前・以後等の相対時制や,開始・終了等の局面があるので,ウゴキ名詞は時間の中に位置付けやすい。

ウゴキ名詞は,図示では □ で示すことにする。存在しないことは破線で示す。

[モノ・コト名詞]

「無N_1」N_2がたとえば,「無色」透明 である場合,この表現を理解するとき
　　　色がなく,透明である　　　N_1がなく,N_2である
のようになる。この例のように,「〜がない」,「〜である」をつけて理解するNを「モノ・コト名詞」ということにする。モノ・コト名詞はモノやコトの名前であり,時間の中には位置付けにくいが,本研究では敢えて位置付けを試みる。

モノ・コト名詞は,図示では ○ で示すことにし,存在しないことは破線で示す。

「無N_1」N_2のあり方をこのような「ウゴキ名詞」と「モノ・コト名詞」で捉えて,時間的あり方を一覧表の形にすれば,表DⅢ-1のようになる。

DⅢ論文　「無洗米」の構造と時相

表DⅢ-1　無N₁とN₂の時間関係　（名詞の種類別組合せに着目）

	N₁	N₂	時間関係と意味	時間関係の図　／　語　例
A	モノ・コト	モノ・コト	なし(性質)(同時) N₁がないN₂	「無医」村
B	モノ・コト	ウゴキ	無N₁がN₂より前 N₂する前の，ないN₁	例なし
C		ウゴキ	同時 N₁がなくN₂する	「無資格」診療
D			無N₁がN₂より後 N₂した後の，ないN₁	例なし
E	ウゴキ	モノ・コト	無N₁がN₂より前 N₁をしてないN₂	「無添加」食品
F		モノ・コト	同時 同時のN₁しないN₂	「無煙」たばこ
G			無N₁がN₂より後 N₂の後でN₁をしない	「無洗」米
H	ウゴキ	ウゴキ	無N₁がN₂より前 N₁をしてなくてN₂する	「無届け」デモ
I		ウゴキ	同時 同時のN₁せずにN₂する	「無着陸」飛行
J			無N₁がN₂より後 N₂してN₁をしない	「無銭」飲食

※　 <u>「無駄」金</u>　のような「無駄」について，『日本国語大辞典　第二版』にはこうある。
　　「むな(空)」の変化とも，擬態語からともいうが未詳。
　　つまり，「無駄」は「むな」という形態素への当て字である可能性があり，構造的には「駄」という
ものが「無」であるわけではない。「駄」は「無N₁」N₂のN₁ではない。それで本稿では「無駄」を
扱わない。(「無駄金」「無駄話」などは，たとえば，「むな金」，「むな話」と理解すべきものである。)

日本語構造伝達文法・発展D

　前の表は，名詞の種類別組合せに着目して作成したものであるが，これを「同時」「時差あり」の区別で，改めて項目を整理すると次表のようになる。今後の説明は，この表の番号に従って進める。

表DⅢ-2　無N₁とN₂の時間関係　（同時，時差ありの区別に着目）

本表	前表	時間関係	N₁	N₂	時間関係の図	語　例
1	A	同　時	モノ・コト	モノ・コト		「無医」村
			「N₁がない」N₂			
2	C		モノ・コト	ウゴキ		「無資格」診療
			「N₁がなく」N₂する			
3	F		ウゴキ	モノ・コト		「無煙」たばこ
			「同時のN₁しない」N₂			
4	I		ウゴキ	ウゴキ		「無着陸」飛行
			「同時のN₁せずに」N₂する			
5	B	時差あり	モノ・コト	ウゴキ		例なし
			N₂する前の，「ないN₁」			
6	D		モノ・コト	ウゴキ		例なし
			N₂した後の，「ないN₁」			
7	E		ウゴキ	モノ・コト		「無添加」食品
			「N₁をしてない」N₂			
8	G		ウゴキ	モノ・コト		「無洗」米
			N₂の後で「N₁をしない」			
9	H		ウゴキ	ウゴキ		「無届け」デモ
			「N₁をしてなくて」N₂する			
10	J		ウゴキ	ウゴキ		「無銭」飲食
			N₂して「N₁をしない」			

- 38 -

DⅢ論文　「無洗米」の構造と時相

DⅢ.2.2 「無N₁」N₂のあり方

本節では、「無N₁」N₂のあり方を、表DⅢ-2の番号順に検討し、例を挙げる。例は、『日本語大辞典 第二版』を中心に、数冊の辞書(参考文献参照)から収集した、現代語の例である。挙げてある例の中のN₁、N₂がモノ・コト名詞、ウゴキ名詞のどちらに属するかの判断は微妙なところもある。語によっては異なる判断も可能である。

[同時]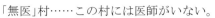

1　「N₁がない」N₂　　　「無医」村
　　　　　●「モノ・コトがない」モノ・コト
　　　　　・「無N₁」(N₁の存在しないこと)が
　　　　　　N₂(モノ・コト)の性質を示す　　　　　　　
「無医」村……この村には医師がいない。　　　　　　　図DⅢ-26
　　「無韻」詩,「無鉛」ガソリン,「無塩」醤油,「無蓋」貨車,「無記名」債権,
　　「無菌」室,「無形」文化財,「無限」集合,「無国籍」料理,「無産」階級,
　　「無色」透明,「無重力」状態,「無神」論,「無毒」フグ,「無人」島,
　　「無水」アルコール,「無声」映画,「無政府」状態,「無精」卵,「無線」電話,
　　「無定形」物質,「無定型」短歌,「無敵」艦隊,「無糖」練乳,「無土器」文化,
　　「無任所」大臣,「無能力」者,「無配」株,「無敗」記録,「無風」地帯,
　　「無分別」者,「無報酬」役員,「無味」ガム,「無名」戦士,「無銘」刀

2　「N₁がなく」N₂する　　　「無資格」診療
　　　　　●「モノ・コトがなく」ウゴキをする
　　　　　・「無N₁」(N₁の存在しないこと)が
　　　　　　N₂(ウゴキ)の性質を示す　　　　　　　
「無資格」診療……資格がなく診療をする。　　　　　　図DⅢ-27
　　「無期」懲役,「無給」研修,「無気力」相撲,「無性」生殖,「無罪」放免,
　　「無償」行為,「無条件」降伏,「無人」探査,「無病」息災,「無線」操縦,
　　「無責任」発言,「無担保」融資,「無店舗」販売,「無免許」運転,「無理」やり,
　　「無料」奉仕,「無力」感

3　「(同時の)N₁しない」N₂　　　「無煙」たばこ
　　　　　●「同時のウゴキをしない」モノ・コト
　　　　　・「無N₁」(〈同時の〉ウゴキのないこと)が
　　　　　　N₂(モノ・コト)の性質を示す　　　　　　
「無煙」たばこ……煙が出ないたばこ。　　　　　　　　図DⅢ-28
　　「無影」灯,「無汗」症,「無感」地震,「無所属」議員,「無水」鍋,「無制限」台,
　　「無税」品,「無抵抗」市民,「無党派」層,「無得点」試合,「無伴奏」曲,
　　「無法」地帯,「無防備」都市,「無用」物

4 「同時のN₁せずに」N₂する　　「無着陸」飛行
　　　　●「同時のウゴキ1をしないで」ウゴキ2をする
　　　　・「無N₁」(同時のウゴキのないこと)が
　　　　　N₂(ウゴキ)の性質を示す　　　　　　　図DⅢ-29

　　「無着陸」飛行……(飛行するときに,)着陸しないで飛行する。
　　　「無休」営業,「無血」革命,「無言」劇,「無作為」抽出,「無差別」爆撃,
　　　「無水」料理,「無銭」旅行,「無灯」運転,「無批判」受容,「無謀」運転,
　　　「無油」調理

[時差あり]――――――――――――――――――――――――――

5 「N₂する前の」ないN₁
　　　　●ウゴキをする前に「モノ・コトがない」
　　　　・「無N₁」(前もって存在のないこと)が
　　　　　N₂(ウゴキ)の性質を示す
　　　この例は見つかっていない。　　　　　　　図DⅢ-30

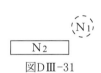

6 N₂した後の「ないN₁」
　　　　●ウゴキをした後に「モノ・コトがない」
　　　　・「無N₁」(後で存在のないこと)が
　　　　　N₂(ウゴキ)の性質を示す
　　　この例は見つかっていない。　　　　　　　図DⅢ-31

7 「N₁をしてない」N₂　　　「無添加」食品
　　　　●「前もってウゴキをしていない」モノ・コト
　　　　・「無N₁」(前もってウゴキのないこと)が
　　　　　N₂(モノ・コト)の性質を示す　　　　図DⅢ-32

　　「無添加」食品……この食品は,前もって何かを添加していない。
　　　「無殺菌」牛乳,「無事故」車,「無定義」用語,「無認可」保育所

8 N₂の後で「N₁をしない」　　「無洗」米
　　　　●モノ・コトの後で「ウゴキをしない」
　　　　・「無N₁」(後でウゴキのないこと)が
　　　　　N₂(モノ・コト)の性質を示す　　　　図DⅢ-33
　　「無洗」米……「無洗米」という商品があって,この米はあとで洗わない。
　　　ほかの例は見つかっていない。

DⅢ論文　　「無洗米」の構造と時相

9　「N₁をしてなくて」N₂する　　「無届け」デモ
　　　●「前もってウゴキ１をしないで」ウゴキ２をする
　　　・「無N₁」（それ以前のウゴキのないこと）が
　　　　N₂（ウゴキ）の性質を示す　　　　　　　　　図DⅢ-34
　　「無届け」デモ……前もって届けをしないで，デモをする。
　　　「無加熱」摂取，「無記名」投票，「無試験」入学，「無断」欠席，「無賃」乗車，
　　　「無投票」当選

10　N₂して「N₁をしない」　　　「無銭」飲食
　　　●ウゴキ2をして「ウゴキ1をしない」
　　　・「無N₁」（それ以後のウゴキのないこと）が
　　　　N₂のウゴキの性質を示す　　　　　　　　　　図DⅢ-35
　　「無銭」飲食……飲食をして，料金を払わない。(料金後払いの場合)
　　　ほかの例は見つかっていない。

表DⅢ-3　無N₁とN₂の時間関係のまとめ　（例の語の有無に着目）

番号	時間関係	時間関係図	語　例	例の数
1	同　時		「**無医**」村　　「無韻」詩，「無鉛」ガソリン，「無塩」醤油，「無蓋」貨車	多数
2			「**無資格**」診療　　「無期」懲役，「無給」研修，「無気力」相撲，	多数
3			「**無煙**」たばこ　　「無影」灯，「無汗」症，「無感」地震，「無所属」議員	多数
4			「**無着陸**」飛行　　「無休」営業，「無血」革命，「無言」劇，「無作為」抽出	多数
5	時差あり			0
6				0
7			「**無添加**」食品　　「無殺菌」牛乳，「無事故」車，「無定義」用語	若干
8			「**無洗**」米	1例のみ
9			「**無届け**」デモ　　「無加熱」摂取，「無記名」投票，「無試験」入学	若干
10			「**無銭**」飲食	1例のみ

－ 41 －

DⅢ.2.3 「無N₁」N₂のあり方……結論

以上，表DⅢ-2 の番号に従って N₁ と N₂ の時間的関係のあり方を見てみた。その際に例となる語を示したが，その例の語の有無について表DⅢ-3 に整理してみた。

結果として判明したことは次のようなことである。

(1)「無N₁，N₂が同時」の場合(1～4)には例が多いことから，「無N₁」N₂は「同時」の場合に使用されることが多いであろうということが分かった。

(2)「無N₁，N₂に時差あり」の場合は，

(2a) 7と9に例がある。7，9は共にウゴキとしてのN₁が事前にない場合である。つまり，「無N₁」N₂は，「時差あり」ではウゴキとしてのN₁がN₂の事前にない場合に使用されるであろうということが分かった。

(2b) 8と10は，ウゴキとしてのN₁が「事後」にない場合で，1例ずつしか例がない。しかも，8では「無洗米」がその例である。

(2c) 5と6には例がない。つまり，「無N₁」N₂は，「モノ・コトがウゴキの前にも後にも存在しない」ということは表さないということである。

DⅢ.3 「無洗米」という語の理解

「無洗米」という語の違和感はなぜ生じるのか。本研究では，この問題を考えるために，「(1)構造」と「(2)時相」の面から検討してみた。

(1) 構造の面からは特に問題がないことが判明した（DⅢ.1 参照）。

(2) 時相の面からは，次のようなことが判明した。

(2a) 「無洗」米 は，N₁の「洗」がウゴキ名詞で，N₂の「米」がモノ・コト名詞である。それで，その組合せは表の3番，7番，8番のいずれかとなる。

（図示では，ウゴキ名詞が □，モノ・コト名詞が ○ である。それが存在しないことは破線で示す。）

表DⅢ-4 無N₁とN₂の時間関係 （3,7,8 番の取り出し表）

番号	時間関係	時間関係図	例の数
3	同時		多数
7	時差あり		若干
8	時差あり		「無洗米」のみ

(2b) 「無洗」米 は，意味を考えると，「この米は，炊くときに洗う必要がない」ということであるから，「無洗」は「いま」のことではなく，以後のことである。ということは，上の表の3（同時）には該当しない。

(2c) それで，「無洗」米 は，時差ありの7か8に該当することになるが，従来の

ＤⅢ論文　「無洗米」の構造と時相

表現体系では「無洗米」という形は 7 で使われる形であったのであり、意味は「洗ってない米」として理解されるのが当然のことであった。その状況で、「無洗米」が、以前は使用されていなかった 8 で新しく使用されるようになり、表現される前後関係が逆になった。ここに違和感が生じることになった。……このことが判明したことで、なぜ違和感が生じたかの理由を解明するという本研究の目的が達せられたことになる。

(2d) 新たに 8 が造語法として使用されるようになったわけだが、この 8 の使用が、この例だけで終わるのか、それとも今後も引き続き新しい造語法となって、新語を生み出していくものなのか、注視したい。

(2e) ところで、このような違和感を生じさせることなく、「無洗米」という語が表現したいことと同じことを表現することはできるのだろうか。表を見ると、時差ありの場合、従来の表現体系では、7 以外だと 9 が使用されている。ただし、9 では共にウゴキ名詞であり、N_1 が前で、N_2 が後である。……それで、従来の表現体系のもとでは「無洗」炊き のようにすればよいことになる。

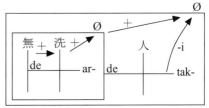

図ＤⅢ-36　「無洗」炊き（時間関係）　　　図ＤⅢ-37　「無洗」炊き（構造）

こうすれば、従来の表現体系の中での表現となり、違和感は生じないことになる。さらにこれで「米」を修飾すれば次のようになる。

「無洗」炊き＋米　　　　　（「無洗炊き」をする米）

構造はこのようになる。

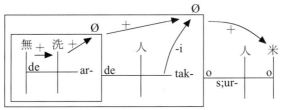

図ＤⅢ-38　「無洗」炊き米　　（「無洗炊き」をする米）

無＋洗＋Ø -de tak-i=Ø-o s;ur-u 米
(dak-)

「無洗米」は、「無洗炊き」とすれば違和感はなくなることになる。「米」を修飾させて、「無洗炊き＋米」としてもよい。（「無洗炊飯」も可能か。「無洗炊飯＋米」も、同義反復に目をつぶれば可能か。）

(2f) 上の（2d）に関連するが，洗わないで食べられるトマトがあるという。これは 8 の新造語法による「無洗米」に続く第2弾として，「無洗 トマト」と表現されるようになるのだろうか。それとも，違和感の生じない，従来の表現法による「無洗 食 トマト」になるのだろうか。

DⅢ.4　今後の課題として……意味否定と構造否定……日本語と原語の構造

「無」の扱い方は以上に示したとおりであるが，同じく否定を表す「不，未，非，否」などはどう扱えばよいのだろうか。日本語の中では外来語だから基本的に名詞として扱うことになると思うが，中国語の中ではどのような扱いになっているのだろうか。これを解明することが今後の課題となる。

「無」は日本語では意味否定

「ない」は日本語の否定形式であるが，この「ない」には，非存在を表す「ない na.k-」（形容詞）と，動詞否定の「ない -(a)na.k-」（否定詞）がある(今泉 2017：U6.2, 今泉 2012：32.3, 32.4, 第 26 章)。前者を「意味否定」と捉え，後者を「構造否定」と捉えることができる。どちらも，ひらがなで書けば，「ない」である。

たとえば，「害がない」というとき，非存在を表す「ない」が使用されている場合(意味否定)と，「ある」の否定の「ない」が使用されている場合(構造否定)がある。

[意味否定]　「害」が「ない」という非存在を表す属性を持つ場合には，構造は下左図のようになっている。

[構造否定]　「害」が「ある ar-」，の否定の気持ちで「害がない」と表現される場合には，「ある」が「ない -(a)na.k-」によって否定され，下右図のような構造になる(ar-ana.k-)。ふつう「あら」は省略される。

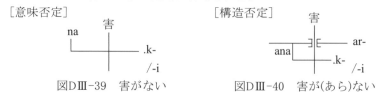

　　　　図DⅢ-39　害がない　　　　図DⅢ-40　害が(あら)ない

両者は似た意味だが，このように異なる構造を持っている。

※na.k- も -(a)na.k- も，後に -i が続くときは，k は発音されない。（今泉 2012, 第8章, 今泉 2015:p.13）

では，「無」というのは，どちらの構造になるのだろうか。……「無害」というのは，「害が無である」という「害」の非存在を表すのだから，これは動詞 ar- の否定ではない。

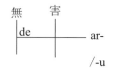

　　　　　　図DⅢ-41　害が無である

つまり,「無」は上左図の非存在の「ない」と似た構造と考えられる。

図DⅢ-42(=-39) 害がない

　日本語では,「無」は構造上の動詞を否定することはない。つまり,「無」は構造否定をするのではなく, 意味否定をしている, といえる。

日本語と原語の構造上のあり方は？

　「無」を中国語の構造において捉えるとどのようになるのか。構造否定をしているのか。また,「不, 未, 非, 否」なども否定を表すが, これらは日本語と中国語の構造においてどのように理解すればよいのか。そしてさらに, 英語の「ノー」「no, not」はどのように把握できるのか。

　日本語と原語の中での構造上のあり方を明らかにする必要がある。しかし, これらは大きな問題なので, 改めて研究をする必要がある。

DⅢ参考文献

今泉喜一　2003　『日本語構造伝達文法　発展A』揺籃社
今泉喜一　2012　『日本語構造伝達文法』[改訂 12 年版] 揺籃社
今泉喜一　2014　『主語と時相と活用と　－日本語構造伝達文法・発展C－』揺籃社
今泉喜一　2015　『日本語のしくみ（1）－日本語構造伝達文法文法S－』揺籃社
今泉喜一　2016　『日本語のしくみ（2）－日本語構造伝達文法文法T－』揺籃社
今泉喜一　2017　『日本語のしくみ（3）－日本語構造伝達文法文法U－』揺籃社
木村泰介　2014　「動詞連用形の名詞化・名詞修飾」『主語と時相と活用と　－日本語構造伝達文法・発展C－』C5.12（今泉喜一著）揺籃社

『日本国語大辞典　第二版』　北原保雄ほか編　2000 ～ 2002　小学館
『岩波　国語辞典　第 7 版』　西尾実ほか編　2014　岩波書店
『学研　現代新国語辞典　改訂第三版』　金田一春彦・編　2002　学習研究社
『新明解国語辞典　第七版』　山田忠雄ほか編　2012　三省堂
『明鏡国語辞典　第二版』　北原保雄・編　2010　大修館書店

| 研究者紹介 | 木村泰介　Taisuke Kimura |

略歴: 1997年　杏林大学外国語学部日本語学科に入学
　　　　　　　3年次より今泉ゼミで研究
　　　　　2001年　卒業後米系コンピュータ製造企業に就職（マーケティング業務）
　　　　　　　その後いくつかの米系ソフトウェア企業でマーケティング業務
　　　　　現在　　仕事の傍ら，日本語構造伝達文法の研究会で研究を継続中

日本語構造伝達文法との関わり: 杏林大学・日本語学科の3年次に今泉ゼミでこの文法の考え方を知る。自分では特に動詞連用形の名詞化・名詞修飾について考察し，「サンマの塩焼き」を題材に，「動詞連用形の名詞化・名詞修飾」と題する卒業論文を書いた。その内容は，『主語と時相と活用と －日本語構造伝達文法 発展C－ 』の C5.12 に掲載されている。

今回の論文について: この「無洗米」のテーマについては，八王子での文法研究会で3年ぐらい前から研究を発表。今泉先生を始め，いろいろな方から参考となる発想や意見をいただいた。

今後の研究予定: 否定の接頭辞と考えられる「未」について，「無」との異同，否定の対象は何か，そもそも否定ではないのか，など，掘り下げて考察したいと考えている。過去の分析や他分野における考察なども参考にしつつ，日本語構造伝達文法の理論を発展させる方向で考察を進められればと思う。

メールアドレス: tsk.kmr@gmail.com

DⅣ論文

中国語の語法アスペクトの種類と構造

孫　偉

要　旨

　中国語のアスペクト研究は，理論的根拠や研究方法などが異なっているため，その分類と表現の研究結果も様々である。本稿は，語法アスペクトの様相を明らかにするため，構造研究法(図形表示法)の導入により，中国語の語法アスペクトの種類，構造，表現方法を考察する。研究では，語法アスペクトを基本アスペクトと派生アスペクトに分け，さらに基本アスペクトを動作開始(前)・動作進行・動作完成・結果状態持続・結果状態完成・結果記憶持続・開始(後)に分類し，派生アスペクトを反復・単純状態・経験・パーフェクトに分類している。そのうえで，各種アスペクトの構造を解析し，それぞれの表現方法を説明している。

キーワード:語法アスペクト　種類　構造　語法手段

1　先行研究の分類と構造分析

　中国語のアスペクト研究は黎錦煕(1924)から始まったものであるが，時間別，分類法別および研究者別に見れば，以下のように概観できる。

1.1　早期研究

　王力(1943)は，アスペクトを「情貌」と呼び，それを「進行貌・完成貌・近過去貌・開始貌・継続貌・短時貌」の6種類に分け，語法手段を中心に表現法を分析している。

　高名凱(1948)は，アスペクトの種類を「進行相あるいは綿延相，完成相あるいは完全相，結果相，起動相，叠動相，加強相」に分け，その表現方法は語法手段と語彙手段の両方であると考えている。

　呂叔湘(1956)は「アスペクトは動作の過程のなかの段階である」(p.228)と定義したうえで，アスペクトを「方事，既事，起事，継事，先事，後事，一事，多事，短時，屢発，反復」と分類し，この各種アスペクトの標記を動態助詞，数量詞，動詞などで示している。

　早期のアスペクト研究は，語彙手段に注目するものもあるが，語法手段に重心を傾けたものが多い。また，各研究の分類基準と方法も異なり，アスペクトの標記に対する認識も異なっている。

1.2　発展期研究

20世紀80年代以降，中国語のアスペクト研究が盛んに行われてきている。

王松茂(1981)は，「アスペクト範疇の語法的意味は動作変化の一定の時間過程のなかでの方式と状態を指す。ここでの方式というのは動作の開始，進行，完了，持続，結果，反復，終止などを指している」(p.65)と述べ，語法的意味と語法形式によって，中国語のアスペクトを「開始，継続，進行，完了，結果，経験(経歴)，短時，間歇，反復，終止」の10種類に分けている。王松茂(1981)の研究によって，中国語のテンスとアスペクトの研究は次第に細かく考察されるようになった。

陳平(1988)は「話者が出来事の情状を表す角度に着眼し，出来事を丸ごとの情状として表現することもできれば，ある持続状態あるいは選ばれた過程として表現することもできる」(p.420)と述べ，前者を完結相(perfective)，後者を非完結相(imperfective)と呼んでいる。そのうえ，陳平は図1を用いて中国語のアスペクトを分析している。図1では，アルファベット文字がアスペクトの各段階を示し，BとDはそれぞれ出来事の起始点と終結点を表すとされている。

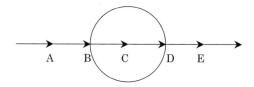

図1－陳平(1988：420)のアスペクト構造図

陳平(1988)は，まず「Bを境にして，B以前の状態を未然態と呼び，B以後の状態を已然態と呼ぶ」と述べ，そして「Dを境にして，D以前の各段階を"了""起来""下去""着"などで表し，D以後の各段階を"過""来着""了"などで表す」(p.420)と述べている。陳平は，出来事を開始前の段階(A)から完了後(E)までの位置で示している。各段階の表現方法および各段階間の関係を完全明白に述べてはいないものの，図形を用いた分析は中国語アスペクトの研究方法をより豊富にしたと言える。

龔千炎(1995)は，中国語のアスペクトを図2で示される8種類に分け，それらの構造関係を図示したうえで，標記となる助詞，副詞，語気詞などを分析している。

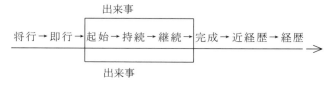

図2－龔千炎(1995：110)のアスペクト構造図

龔千炎(1995)の研究は陳平(1988)の影響を受けていると考えられるが，両者の共通問題は基本アスペクトと派生アスペクトを一緒に考えていることである。

DⅣ論文　　中国語の語法アスペクトの種類と構造

戴耀晶(1997)はアスペクトを「完結相」(perfective)と「非完結相(imperfective)」に分け，そして「完結相」を「現実」「経歴」「短時」に，「非完結相」を「持続」「起始」「継続」に分け，それらの構造と表現形式を考察している。

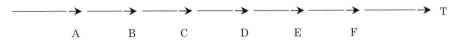

図3－戴耀晶(1997：28)のアスペクト構造図

構造図については，戴耀晶(1997)は以下のように説明している。

　　図形は，ある持続時間が BD である出来事(瞬間出来事の場合，BD は点になる)を表しており，現実相"了"は D または E の位置で出来事全体を観察するものである。経歴相"过"は E の位置で出来事全体を観察するものである。短時相"動詞の繰返し"は A，B，D または E の位置で出来事全体を観察するものであり，BD が短い時間だけをとると考えられる(短時相はよく未来の出来事を表すため，よく A で未来の出来事全体を観察する)。持続相"着"が観察するのは C の前後に形成される持続(C は不定点)であり，起始相"起来"が観察するのは B およびその発展である。継続相"下去"が観察するのは C(出来事の半ばの定位点)およびその発展である。B と C の実現は相対的に完結相としてとらえられるため，"起来""下去"は現実相を表す"了"と共起できる。(pp. 106-107)

陳平(1988)，龔千炎(1995)，(戴耀晶1997)は，ともに図形を用いてアスペクトの構造を解析している。この三つの図形を比較・分析すれば，以下のようなことが言える。

①三者とも出来事の存在する時間的位置からアスペクトの構造を解釈している。これは，中国語においてもテンスとアスペクトの間に密接な時間関係があり，各種のアスペクトの間に時間的順序関係がある，と立証している。

②バーナード・コムリー(1976)は，「アスペクトは場面の内的な時間構成をとらえる，さまざまなし方である」(pp. 11-12)とアスペクトの定義をし，「アスペクトを論じるさい，ぜひ理解しておかなければならないことがある。それは，完結性 perfectivity と非完結性 imperfectivity とのちがいは，かならずしも場面のあいだの，客観的なちがいでもないし，また話し手によって客観的なものとしてさしだされているもののあいだのちがいでもない，とのことである。」(p. 13)と述べている。これにしたがって考えれば，上述の「完結相」と「非完結相」の分類が妥当であり，図3およびその説明は一定の合理性がある。

③細分類においては，分類の方法と結果には不足と不統一があり，基本アスペクトと派生アスペクトを分けて考えていない現象が際立つ。

④構造的に中国語のアスペクト体系を解析しようとする研究が現れているものの,図形描写法や体系への異なる理解などの原因で，構造研究はまだ進んでいない。

日本語構造伝達文法・発展D

　範暁・張豫峰(2008)は，アスペクトは動作の進行過程中にある異なる段階の特徴を反映し，主体が客観動作の時間的特徴を観察する形式を表す(p.310)と述べ，中国語のアスペクトを「完結相」と「非完結相」に分けている。そのうえで，分割できない「完結相」を「実現」「経歴」「近経歴」「短時」に分け，分解できる「非完結相」を「持続体」「起始体」「継続体」に分けている。

表1－中国語アスペクトの主な分類法

文献	アスペクト名〈標記〉
王力(1943) 6種類	①進行〈着〉　②完成〈了〉　③近過去〈(文末の)来着〉 ④開始〈(文末の)起来、「起＋目的語＋来」〉 ⑤継続〈(文末の)下去〉　⑥短時〈動詞の繰返し〉
高名凱(1948) 6種類	①進行または綿延〈着、在、正在、正在…着〉 ②完成または完全〈了、过〉　③結果〈着、住、得、到、中〉 ④起動〈剛、才、恰、方、剛才、恰才、方才〉 ⑤叠動〈動詞の繰返し〉　⑥加強〈意味類似の動詞の連用〉
呂叔湘(1956) 11種類	①方事〈着〉　②既事〈了〉　③起事〈起来〉　④継事〈下去〉 ⑤先事〈去、来〉　⑥後事〈来、来着〉　⑦一事〈数量詞「一」〉 ⑧多事〈「二」以上の数量詞〉　⑨短時〈動詞の繰返し、動詞＋一＋動詞〉 ⑩屡発〈動詞の繰返し、動詞＋一＋動詞〉　⑪反復〈又、…来…去〉
王松茂(1981) 10種類	①開始〈来、起来〉　②継続〈下去〉　③進行〈着〉　④完成〈了〉 ⑤結果〈到、到了〉　⑥経験〈过〉　⑦短時〈動詞の繰返し〉 ⑧間歇〈動詞1＋了(又)＋動詞1〉　⑨反復〈動詞1＋来＋動詞1＋去〉 ⑩終止〈動詞＋下来、動詞＋的〉
龔千炎(1995) 8種類	①完成・実現〈了、已経〉　②経歴〈过・曾経〉 ③近経歴〈来着〉　④進行・持続〈着、正/正在/在〉 ⑤起始〈起来〉　⑥継続〈下去〉　⑦将行〈将要〉 ⑧即行〈快要(快＋要)、就要(就＋要)、即将(即＋将)〉
戴耀晶(1997) 6種類	①現実〈了〉　②経歴〈过〉　③短時〈動詞の繰返し〉 ④持続〈着〉　⑤起始〈起来〉　⑥継続〈下去〉
範暁・張豫峰(2008) 7種類	①実現〈了〉　②経歴〈过、过了〉　③近経歴〈来着〉 ④短時〈動詞の繰返し〉　⑤持続〈着、正/正在/在〉 ⑥起始〈起来〉　⑦継続〈下去、起来〉

－ 50 －

これまでの主な分類および標記の認定は上の表1のようにまとめることができる。

孫英杰(2007:225)は,テンスとアスペクトについて,以下のように述べている。

　あらゆる理想的な文はテンス・アスペクト情報の面においては四つの基本特徴を持つ。①動詞自体のアスペクト的特徴,②文を構成する叙述のアスペクト的特徴,③話者が観察あるいは発話する叙述の角度,④叙述の時間的位置。この四つの基本特徴が出来事のテンス・アスペクトの特徴を決定し,かつ四特徴の間の配列順序も固定している。それによって,完全な「テンス－アスペクト階層」(tense – aspect hierarchy)が構成される。すなわち,

[　テンス　[　語法アスペクト　＊　[　叙述アスペクト　[　動詞　]　]　]　]
　　　4　　　　　　3　　　　　　　　　　2　　　　　　　　1

孫英杰(2007)は,アスペクト体系は「動詞語彙アスペクト」「叙述アスペクト(predicational aspect)」「語法アスペクト」によって構成されていると基本的な仮説を立て,語法アスペクトを完結相と非完結相(進行相と持続相を含む)に分けている。

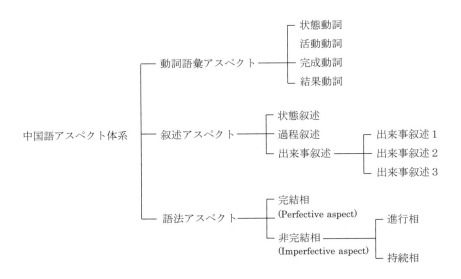

図4－中国語アスペクト構成図(孫英杰2007：47)

孫英杰(2007)のアスペクト体系論は,完結相についてはまだ掘り下げていないようであるが,新しい観点を持ち,興味深い研究である。

尚新(2007)は,語法アスペクトの内部対立と中立化に注目し,アスペクトを図5

のように分類し、それぞれの表現方法を考えている。

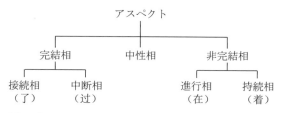

図5－中国語の語法アスペクト分類体系(尚新2007：137)

尚新(2007)では、中性相は一種の零標記の現象であり、中性相と完結相と非完結相の間には代替可能の関係があるととらえられている。尚新(2007)は語法アスペクトについてある程度の整理をしているが、零標記の現象およびアスペクトの分類については、まださらに検討すべき問題が残されている。

陳前瑞(2008)は中国語のアスペクトを類型学的視野で考察し、「核心視点相」「周辺視点相」「段階相」「情状相」という4大類型に分けたうえで、表2のように細分類と表現方法をまとめている。

表2－陳前瑞(2008)アスペクト分類表

核心視点相	未完結相（内部視点相）			完結相（外部視点相）		
	語尾 "着"			語尾 "了"		
周辺視点相	進行相（内部視点相）			完成相（外部視点相）		
	"正，正在，在，呢"など			語尾"了"，語尾"過"，"来着"など		
段階相	起始相	延続相	完結相	結果相	短時相	反復相
	"起来"	"下来"，"下去"	補語としての"完,好,過"	補語としての"着,到,見"	動詞の繰返し"説説"	二重繰返し"説説笑笑"
情状相	状態情状		動作情状		完了情状	達成情状
	"知道，是"		"跑，完，唱歌"		"創造，建造"	"死，贏"

(陳前瑞2008：271，表12-2)

DⅣ論文　　中国語の語法アスペクトの種類と構造

　陳前瑞 (2008) の分類法は確かに各種類の特徴を捉えている。しかし，表2と図4を比較してみれば，陳前瑞 (2008) は語彙アスペクトと語法アスペクトを一緒に考えているように思える。また，これまでの研究と同様に，下位分類された各種アスペクトはどのような時間順序でその時間的位置を考えればいいのか。アスペクト表現形式と構造上に占めている位置からすれば，各種アスペクトの間にどのような関連性があるのか。このような問題が依然として解決されていない。

　何偉・付麗 (2015) は「准語法アスペクト」の概念を提出している。研究は，中国語のアスペクトには，動態助詞によって表される「語法アスペクト」，時間副詞と一部の虚 (詞) 化した動詞によって表される「准語法アスペクト」，述語の意味によって表される「語彙アスペクト」という三種類のアスペクトがある，と指摘している。この分類は表現方法から出発した考察結果であり，以前の研究より正確にアスペクトの表現体系をとらえている。しかし，研究は選択体系機能言語学の角度から意味と形態の側面で考察したものであり，意味的に中国語のアスペクトを「将行，開始，進行，完成，実現」という5種類に分類している。この5分類法は陳平 (1988) などの影響を受けているものであり，表現方法による (語法・准語法・語彙の) 3分類と比較して考えれば，非常に不十分としか言いようがない。

　中国語のアスペクトについては，形態論，意味論，類型学，選択体系機能理論などの理論に従った各種研究もあるが，中国語の特徴を強調して独自の体系を作り上げようとする研究も行われている。そのため，多種多様なアスペクト分類が現れ，それぞれのアスペクト表現についても諸説が並立している。1980年以前は，テンスとアスペクトの概念と分析における混同現象 (表1：王力 (1943) の③，呂叔湘 (1956) の⑤⑥など) が見られているが，1980年以後は，そのような研究が次第に見られなくなり，分類と表現の問題が際立ってきている。中国語では，アスペクトは狭義のアスペクト (語法手段) と広義のアスペクト (語彙手段) に分けて考えられている。しかし，表現形式においては，動態助詞，時間副詞，動詞の繰返し，補助動詞などを以ってアスペクトを解釈しており，語法範疇と語彙範疇を区別せずに用いて解釈する現象 (表1，表2，図4〜5参照) が存在している。

　完全な出来事は，人間が想像する段階から忘却するまで，動作，状態，記憶のすべての過程を持つものである。このように考えれば，これまでの研究は，全過程のいくつかの対立したアスペクト或いは部分的なアスペクトを取り出して分析し，不完全な分類を行っているとしか言えない。各種アスペクトは孤立して存在しているものではなく，必ず全出来事のある時点 (または時間帯) の様相を表すものである。表現形式の相違は各言語の表層にある文法 (語法) および語彙の使用方法によるが，アスペクトの深層構造は必ず同様である。そのため，本研究は，完全な出来事がもつ内部構造に着目し，そこから中国語の語法アスペクトの種類および表現方法を考える。

－ 53 －

2 中国語のテンス・アスペクトの時間的構造関係

「ことば」の背後には，「ことば」のもとになる構造がある。これにしたがって，今泉喜一(2000)は構造研究(図形表示)法を創出し，深層構造から日本語の文法を解釈している。その理論が各言語に通用するものと考えられるため，中国語のテンス・アスペクトの時間的構造関係を下図のように表すことができる。

図6－テンスとアスペクトの基本的位置関係

時間の流れを川の流れに，出来事を舟にたとえることができる。出来事という舟が上流(未来)から下流(過去)に移動すると考えられている。話者が「現在」位置に立ち，出来事の全体あるいは一部が未来・現在・過去のいずれの時間に生起するかを見ることができる。この外部から出来事の発生時間(未来・現在・過去)を観察するときに得られる概念がテンスである。時間の流れの中で動いている一方，出来事自体も様々な様相を呈している。人間が出来事を表現するには，その出来事の開始から人間が完全に忘却するまでという過程が存在していると想定できる。この過程のなかで，出来事がどの段階に進んでいるのかを見ることができる。即ち，出来事の内部(動作開始・動作進行・・・結果記憶持続)を観察するとき，アスペクトの概念が得られる。

話者がことばで出来事を表現するとき，この出来事を時間の流れの中に置いて描写するものである。このとき，出来事を丸ごと成立したものとして見ることもできるが，出来事のある局面を特定し，それに焦点を合わせて表現することが多い。この選択された局面は「アスペクト言及点」（今泉喜一2000:144）と呼ばれる。話者がいつも「現在」の位置に立って出来事の変化をことばで表現するため，話者の位置と選択された局面の間に一定の時間関係が生じることになる。この関係は図7のように数字で表すことができる。

図7では，現在点の位置(話者の位置)を２桁の数字で，話者が言及する位置すなわち言及点を１桁の数字で表示している。この両者の合計数字はテンスとアスペクトの位置を示している。現在点と言及点を結ぶ線は「言及線」と呼び，［01］のような数字で表すことができる。つまり，［01］は話者の位置が00であり，言及点が1である，ということを意味している。

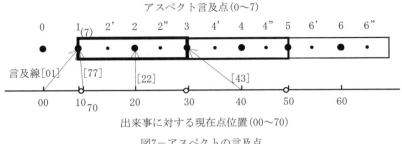

図7－アスペクトの言及点

3 中国語の基本的語法アスペクト

　言及点は枠内の任意の点であってもいいが，一定の幅をもつものでもいい。図6と7を合わせて分析すれば，完全な変化過程をもつ出来事は，そのアスペクトが未来，現在，過去の異なるテンスのもとに，それぞれ7種の基本アスペクトを有する，ということになる。この7種のアスペクトはすべて語法手段で表すことができ，以下のような位置を占めている。

　　　　言及点1……動作開始（前）
　　　　言及点2……動作進行（中）
　　　　言及点3……動作（進行）完成（後）
　　　　言及点4……結果状態持続（中）
　　　　言及点5……結果状態完成（後）
　　　　言及点6……結果記憶持続（中）
　　　　言及点7……動作開始（後）

3.1 未来の構造と表現

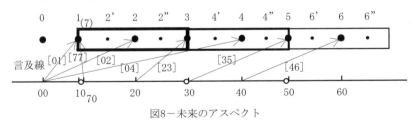

図8－未来のアスペクト

未来開始（前）（[01]）
(1) 妻子顺便买些油盐酱醋，针头线脑。／妻はついでに調味料や裁縫用の針や糸などを買う。(王巨『黒麻雀』)
(2) 这七个点我们将要布下埋伏。／我々はこの七ヵ所に待ち伏せの陣を敷く。(梁晓声『埋伏』)

日本語構造伝達文法・発展D

　未来開始の文にはあたかも動態助詞がないように見える。李臨定(1990)と李鉄根(1999)は，中国語の時制範疇は異なる分析形式および動詞の零形式によって表されると認識している。尚新(2007)はこれを中性相と呼び，中国語の形態的強制性の不足および「音義相互作用規定」の共同作用によって形成された一種の零標記の現象である，と述べている。いわゆる動詞の零形式は，動詞の後ろに動態助詞"了，过，着"などを付けることに対しての概念であり，動詞の後ろに動態助詞などを一切付けないことである。形態論の角度から考えれば，"了，过，着"が動詞に付く以上，動詞の後ろに動態助詞が入る位置が存在するはずである。したがって，動詞の後ろに入る動態助詞"了，过，着"などに対し，動詞の後ろに何も付けない形態を動態助詞"0(ゼロ，零)"あるいは"零"動態助詞と呼ぶことができる(孫偉2006)。この"零"動態助詞の認定によって，中国語の未来のテンスと開始(前)のアスペクトが語法手段で表せるようになり，中国語の動態助詞を以ってテンス・アスペクトを表す語法体系が確立できるということになる。

　(1)では，動詞の"买＋零"の形式によって，出来事が未来に生起する(開始前)と表されている。(2)では，未来を表す時間副詞"将要"が用いられているが，"将要"を削除しても(1)と同様な時間概念が得られるため，決定的な役割を果たすものが"零"動態助詞であると認識できる。即ち，中国語の未来開始(前)は動態助詞"零"によって表されるものである。ただし，ここの「開始」は開始以前の局面[01]であり，[77]が表す開始(後)でもなければ，"動詞＋開始"が表す語彙アスペクトでもない。

未来進行([02][12][22"])

(3)　明天等你酒醒以后，还是你闯红灯的地点，还是那个时间，我等着你来接受处罚。／明日，あなたの酔いが醒めたら，相変わらず信号無視のところで，相変わらずその時間に，あなたが処罰を受けに来るのを待っている。(陈源斌『杀人有罪』)

(4)a　明天上午10点，我正在录音呢。你别来。／明日の午前10時，私は録音をしているので，来ないでください。

(4)b　明天上午10点，我录音呢。你别来。／同上。

　単独に用いられる動態助詞"着"や時間副詞"正，正在，在"などが現在時間しか表さないため，出来事の未来進行を表すには，未来時間を限定する時間詞などが必要になる。助詞"呢"が陳述文の文末に用いられる場合，動作あるいは状況の持続の状態を表し，よく"正，正在，在"あるいは"着"などと組み合わせられる(呂叔湘1999:413)。(4)aでは"正在"と"呢"が併用されているが，(4)bでは"呢"だけが用いられている。二つの文がともに成立することから，"呢"も未来進行を表すことになる。

－ 56 －

未来(進行)完成([03][13][23])

(5) *明天，写了论文。／*明日，論文を書いた。

(6) 你忘了他吧！(了₁)[1]／彼のことを忘れよう。

(7) 明年我就毕业了。(了₁₊₂)／来年，私は卒業してしまう。

　動態助詞"了"の機能については，房玉清(1992：454−455)は「完成性動詞の後ろに用いられた"了₁"が完成を表し，持続性動詞の後ろに用いられた"了₁"が実現を表すが，テンスの角度から分析すれば，動態助詞"了"は単独使用の場合には，過去の時間領域を示すものである」(pp. 454-455) と述べている。それに対し，李鉄根(1999)は「時間を表す角度から見れば，"了"は過去已然を表すこともできるし，過去と現在を区別しない已然を表すこともできる。過去と現在を区別しない(区別する必要もないが)からこそ，話者が過去時間詞を入れて出来事の過去已然性を示すこともできれば，過去から現在までの時間詞を入れて出来事の過去から現在までの已然性を示すこともできる」(pp. 20-21)と述べている。

　(5)では，テンスの角度から見れば，過去を表す"了₁"と，未来を表す"明天"が異なった時間領域を示している。この矛盾があるため，未来完成のアスペクトを表すには，(5)のような文は不成立になる。反対に，(6)のような命令や願望を表す文では"了₁"の使用が可能になる。これは命令文と願望文自体が未然を表し(張斌2006：338)，動詞"忘"が完成性の動詞であるからである。(7)では未来時間を示す時間名詞"明年"と時間副詞"就"が用いられ，"了"が語尾に用いられている。この時の"了"には，実現の意味を示す"了₁"と新しい状況が発生または出現の意味を示す"了₂"が含まれている(侯学超1998：382)ため，(7)文の形で未来完成を示すことができる。これによって，文中に未来を示す時間詞が存在する場合，話者が"了"を使って出来事の未来完成を表すことができると考えられる。

　完結相はよく動態助詞"了"と"过"によって表される。両者の違いは，"了"が表すのは現実として完結した出来事であり，"过"が表すのは経験して完結した出来事である，ということである(戴耀晶1997：7)。したがって，"了"は完成相の標記である。中国語の未来完成相の表現形式については，未来テンスの制限を受けるため，"了"は完全にあらゆる出来事の完成相を表すことができず，時間名詞や時間副詞との併用が必要になる。しかし，これは中国語に未来完成相が存在しないという意味ではない。未来完成相は，動態助詞"了"での語法上の表現形式があるほか，動詞を付加する形での語彙上の補助的表現形式もある。[2]

1　"了"は動詞の後ろに用いられる動態助詞である。"了"は語気を表す語気詞である。動詞の後ろに用いられ，かつ文末に位置する"了"は"了₁₊₂"になる。詳細は侯学超(1998)などを参照されたい。

2　語彙手段で表す未来完成については，範暁・張豫峰(2003)，孫英杰(2007)，陳前瑞(2008)などを参照されたい。

未来結果状態持続（[04][14][24][34][44"])

(8) A：阿姨，我还不认识你，怎么才能找到你呢？／おばさん，面識がありませんから，どうやっておばさんを見つけますか。

B：我们见面时，我上身穿着一件红西服，下身穿着一条黑裙子。带着一条金链，手里会拿着一本英文杂志，你一看就知道我是谁了。／会うときには，私は赤い洋服を着ており，黒いスカートを穿いている。金のネックレスをしており，手には英文雑誌を持っている。見ればすぐ私だとわかるよ。(楊寄洲ほか1999：第48課)　([04])

　会話内容から，Bの"我们见面时"は未来であると判断できるため，B文のすべての"着"が未来動作完了後の結果状態持続を表すことになる。また，(9)のように，未来時間が示され，状態動詞が用いられる場合，助詞"呢"も未来結果状態持続を表す。

(9)a　明天早晨8点，我在睡觉呢。你别打电话。／明日の朝8時，私は寝ているので，電話をしないでください。

(9)b　明天早晨8点，我睡觉呢。你别打电话。／同上。

未来結果状態完成（[05][15][25][35][45]）

(10) 下个月，花就开了。／来月，花が咲く。([03][13][23])

(11) 下个月，花就开完了。／来月，花は咲き終わってしまう。([05][15][25][35][45])

*(12) 下个月，花就开过。／*来月，花は咲いたことがある。

　時間が未来である場合，(10)の"了"が未来の動作完成を表す。つまり，(11)のように，完成の意味を表す中国語の補助動詞「完」と動態助詞「了」の結び付いた「完了」で表すことになり，中国語では未来結果状態完成を表すには動詞の意味を借りる必要がある，ということになる。この「完＋了」の形態は，孫英杰(2007)，何偉・付麗(2015)などが述べた語彙アスペクト表現の一種であり，研究を続けていく必要がある。(12)の"过"文は成立しない。それは，動態助詞としての"过"は過去にある出来事が発生した，もしくはある状態が存在したということを表す(侯学超1998：248-249，劉月華ほか2001：399)からである。

未来結果記憶持続（[06][16][26][36][46][56][66"]）

(13)　到明年3月为止，我共出5次差。／来年の3月までに，私は5回出張している(ことになる)。

　話者が「来年3月まで」の出張回数を考えている。話者がまだ出張していない，もしくは3回出張した，あるいは出張中である，という可能性がある。発話位置は00から60までの任意点であってもいいが，言及される位置は必ず6あるいは6"の言及点である。すなわち，状態としての出来事が完成した後の部分であり，それに対する推測性の記憶である。時間が未来に限定される場合，中国語の未来結果記憶持続は動態助詞"零"によって表される。

－ 58 －

3.2 現在の構造と表現

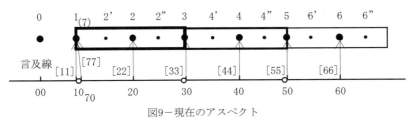

図9-現在のアスペクト

現在開始(前)([11])
(14) 我現在就走。(私はいますぐ行く。)

現在開始は、現在を表す時間詞および"零"動態助詞によって表される。現在開始と言っても、実際に「現在」の視点から見れば、出来事はまだ始まっていない。いわゆる「未来」と「現在」の区別は、時間詞によって表される時間が話者に近いか遠いかにある。"現在(現在、いま),马上(すぐに),立刻(即刻に)"などの時間詞によって出来事の発生時間と発話時間が限りなく近いとき、テンスは現在になる。反対では、テンスが未来になる。未来開始を[01]、現在開始を[11]で示すように、話者のいる位置の違いによって、そのアスペクトを観察する立場も変化してくる。

現在進行([22])
(15) 腊月使劲地点着头。／腊月は力強くうなずいている。(美桦『腊月和尾巴』)
(16) 他正在作他的毕业论文。／彼は卒業論文を書いている。(丹羽『出軌』)
(17) 他心上正在盘算着怎样措辞。／彼はどのような言葉遣いをしようと心の中で思案している。(钱钟书『钱钟书文集』)
(18) 他吃饭呢？／彼はご飯を食べている？(『CCL』[3])

現在進行は動態助詞"着"、時間副詞"正在"、"正在"と"着"の組み合わせ、助詞"呢"などによって表される。

現在(進行)完成([33])
(19) 現在明白了。／いま、分かりました。[現在完成]

現在完成は、現在を表す時間詞と完成を表す"了"の共同作業によって表される。なお、現在を表すことばを用いなければ、出来事のアスペクトは過去完成になる。

(20) 我(刚刚)做饭来着。／私は(今まで)料理を作っていた。[現在進行完成]

"来着"の主な機能は完成のアスペクトを表すことである(張斌2002:334、陳前瑞2005:309)。劉月華ほか(2001:407)は"来着"の時間性について、「陳述文の文末に用いられる"来着"は少し前にある出来事が発生したことを表す。いわゆる『少し前』とは、話者の主観感覚であり、指す時間が必ず近いとは限らない」と述べている。

---

3 CCL:北京大学中国語言学研究中心現代漢語語料庫 http://ccl.pku.edu.cn/corpus.asp

そのため，終わったばかりの出来事を表すには"刚刚""刚才"のような時間詞を用いる必要があり，少し遠い過去の出来事を表すには"那时候""上个月"のような時間詞を用いる必要がある。

現在結果状態持続（[44]）

(21) 现在，他们坐在一家酒吧里面，警察也穿着便衣。／いま，彼らはあるバーの中に座っており，警察も普段着を着ている。(艾伟『标本』)

(22) 宜昌客运总站门口挂着很醒目的航运时刻表。／宜昌バスターミナルの出入口にとても目立った時刻表がかかっている。(张跃『"野"姓导游』)

(23)a 马王爷的身上，现在充满了一种年轻人才有的激情。／馬親王の体に，いま，若者だけにあるような激情が満ちている。(高建群『大顺店』)

(23)b 马王爷的身上，现在充满着一种年轻人才有的激情。／同上。

現在結果状態持続は"着"，"了"，"正在"，"正在"と"呢"の組み合わせ，"呢"などによって表される。"了"は実現を表し，動作・行為・状態などを事実にさせる役割を果たす(侯学超1998:381)。この状態が現在時間においても持続している場合，動態助詞"了"と"着"は互換でき，ともに言及線[44]の示す局面を表すことができる。また，(24)～(26)のように，"呢"と"正在"と"在"も動作と状態の継続をともに表せる(吕叔湘1999:413,672)ため，状態動詞が用いられた文では状態の持続を表すことになる。

(24) 他睡觉呢。／彼は寝ている。

(25) 队伍正在一天天壮大起来。／隊伍が日一日と強大になってきている。

(26) 我一直在等待机会的到来。／私はずっとチャンスの到来を待っている。

現在結果状態完成（[55]）

(27) 你刚才昏倒了。／君は，さっき気を失って倒れていた。

(28) 你刚才昏倒过。／同上。

(29) 我一直在学校来着。／私はずっと学校に行っていた。

時間副詞"刚才"は時間を近過去に限定し，現在結果状態完成は"了"或いは"过"によって表される。(29)では，動詞"在"は存在動詞であるが，ここでは一種の存在状態を表している。局面[55]は近過去の意味を持つ"来着"によって表されている。

現在結果記憶持続（[66]）

(30) A：你今天都干什么来着？／今日は何をしていたか？

B：(一边思考一边说)就去了一趟超市，然后一直在家看书来着。／(考えながら言う)スーパーに行って，それからずっと家で本を読んでいる。

Aの質問に対し，Bは一日中の出来事を回想して答えたのである。この種の陳述は現在の脳裏に記憶されたものであり，話者による現在以前の動作あるいは状態に対する回想的な陳述である。日本語では動詞の「ている」形で現在を表すことが

できるが，中国語では過去を表す時間詞または文脈と動態助詞の組み合わせ，もしくは過去を表す"了"，"来着"によって表される。なお，(31)のように，回想の場面であれば，過去の意味を有する"过"も現在結果記憶を表せる。

(31) 警察：老实说！刚才你去没去过那里的商场？／正直に話しなさい。あそこのデパートに行っていないか？
犯人：让我想一想。嗯，去过。／ちょっと思い出させてください。うん，行っている。

3.3 過去の構造と表現

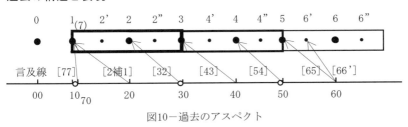

図10－過去のアスペクト

過去開始（前）（[2補1]など）
*(32) 上个月，我学日语。／*先月，私は日本語を学ぶ。

時間名詞"上个月"は過去時間を示しているが，動態助詞"零"は未来時間を示している。この矛盾があるため，中国語では語法手段を以って過去開始を表すことができない。語法手段では表せないが，(33)のように語彙手段で表すことができる。

(33) 上个月，我开始学日语了。／先月，私は日本語を習い始めた。

文法的に考えれば，(33)は過去の出来事を描写する文である。しかし，動詞"开始"の使用によって，出来事"学日语"がその全過程の開始段階にあることが表されるようになる。このような語彙の意味で語法表現を補って説明する形式は「補助アスペクト」(中国語："补助体")[4]という。

過去進行([22'][32][42][52][62])
(34) 在聊天的时候，他一直拿眼睛瞄着她。／おしゃべりの時，彼はずっと目で彼女を眺めていた。
(35) 昨天下午1点到3点，我看书来着。／昨日の午後1時から3時まで，私は本を読んでいた。

時間が過去であるとき，"着"は過去の進行を表す。"来"と"着"の結びついた動態助詞"来着"は進行と持続の基本意味をもっているが，過去の進行と持続だけを表す(房玉清1992:467)。そのため，"来着"を用いて過去の進行(または持続)を表

---
[4] 中国語の補助アスペクトについては，孫偉(2009)を参照されたい。

すこともできる。また，（36）と（37）のように，時間が過去に限定されれば，"正在""呢"を使って過去進行を表すこともできる。

(36) 昨天上午10点，我正在修理空调。／昨日の午前10時，私はエアコンを修理していた。

(37) 部长刚才找你呢！／さっき部長が君を探していたよ。

過去（進行）完成（[43][53][63]）

(38) 昨天讲了鲁迅的《狂人日记》。／昨日は魯迅の『狂人日記』について話した。(刘慈欣『流浪地球——刘慈欣获奖作品』)

(39) 徐部长当时也争着自荐要当"三分之一"日本的女婿来着。／徐部長も当時競って「三分の一」の日本の婿になろうと自己推薦した。(梁晓声『尾巴』)

過去（進行）完成は過去を表す機能を持つ"了"或いは"来着"によって表される。

過去結果状態持続（[44'][54][64]）

(40) 那时节，她穿着棉衣。／あのとき，彼女は綿入れの服を着ていた。(王小波『黄金时代』)

(41) 桂花出来时穿了件黑裙子，头发挽得很高。／桂花が出てきたとき，黒いスカートを穿いており，髪の毛を高く結っていた。(梁弓『河上的月亮』)

過去時間が示される場合，結果状態継続は"着"或いは"了"によって表される。

過去結果状態完成（[65]）

(42) 到大年初五为止，那家商店休息了一个星期。／新年の5日まで，あの店は一週間休んでいた。

(43) 到昨天闭馆为止，画还在墙上挂着来着。／昨日の閉館まで，絵はまだ壁にかかっていた。

(44) 去年，我在日本生活过3个月。／去年，私は日本で3か月間暮らしていた。

過去時間が示される場合，過去結果状態完成は"了，来着"または"过"によって表される。

過去結果記憶持続（[66']）

(45)a 到上个月为止，我的计算机坏了3次。／先月まで，僕のパソコンは3回壊れていた。

(45)b 到上个月为止，我的计算机坏过3次。／同上。

(46) 前几年，在北京读书来着。／この前の何年間か，北京で学校に通っていた。

過去結果記憶持続は結果状態がすでに完成した，あるいは結果状態を不問するアスペクトである。過去時間詞が文に使われている場合，あるいは文脈にそのような意味が提示されている場合，"了"，"过"または"来着"がそれを表すことができる。

- 62 -

3.4 開始(後)([77])

開始(後)の局面[77]は動作開始直後の局面を指し，"了"によって表される。

動作動詞と"了"との関係について，劉月華ほか(2001)は「動作動詞の後ろでは，"了"が動作の開始から完了までの過程にある任意の一点に用いられる。しかし，"了"が注目しているのは動作の発生だけである。動作の持続や完成などの意味は文脈，言語環境によって提供されるものである。」(p.363)と述べている。

(47) 犯人跑了。／犯人は逃げた。

動詞が動作動詞であるとき，(47)と図8～10を合わせて考えれば，以下のように理解できる。

これは，捕まった犯人が警察官の隙をついて，拘束された状況から逃げ出す動作を始めたことである。この時の局面は開始前から開始に変わる。周りの人が犯人が逃げているのを見て，逃げる方向を指しながら"犯人跑了"([77])と警察官に知らせる。この時の犯人は逃げる動作を継続しており，"跑"の動作は"正在跑"の局面 (現在進行[22])に変わる。結果として逃げ出した犯人が捕まらず，警察官が犯人の現在状況を報告するときには，"犯人跑了"(過去動作完成[43]，現在結果状態持続[44])と言うべきである。"了"は複数のアスペクトを表すことができるが，"動作動詞＋了"の形で出来事を表し，なおかつこの出来事が現在進行中の局面にあるとき，この"了"が表しているのは完成などのアスペクトではなく，開始(後)の局面[77]である。

4 中国語の派生的語法アスペクト

派生的語法アスペクトは基本的アスペクトの局面から派生したものであり，反復，単純状態，経験，パーフェクト(中国語：已然)を含む。

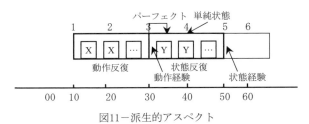

図11－派生的アスペクト

4.1 反復

李宇明(2002)は，「反復は一定の言語手段を用いて，一種あるいは多種の動作の反復進行，一種あるいは多種の現象の反復出現を表す語彙範疇である」(p.210)と定義し，反復を表す言語手段を語彙手段と語法手段に分けている。

語彙手段は例えば，

(48) 我看了三遍《三国志》。／『三国志』を三回読んだ。

のように，"三遍"のような語彙の意味によって表されるものである。
　語法手段は，各種動詞の重複形式がある。

Ⅰ　同動反復：同一動作あるいは現象の途切れない反復。
　　"Ｖ啊Ｖ啊"，"V_1啊V_2啊"（啊，呀，哇，互換可。V_1とV_2の意味が似ている），"Ｖ了又Ｖ"，"Ｖ这Ｖ那"，"Ｖ来Ｖ去"，"Ｖ上Ｖ下"，など。
　(49)　汉昭帝接到那份奏章，<u>看了又看</u>，把它搁在一边。／漢昭帝は上奏文を受け取り，何回も見て，それを側に置いておいた。（『CCL』）

Ⅱ　異動交替反復：異なる動作あるいは現象の交互入替えの反復。
　　"$V_1V_1V_2V_2$"（内部構造：V_1V_1＋V_2V_2），"V_1V_1＋V_2V_2，V_2V_2＋V_1V_1"，"V_1了（又）V_2，V_2了（又）V_1"，など。
　(50)　火车这样<u>走走停停</u>，<u>停停走走</u>，本来到南京七八小时的路程，竟走了24小时。／ 列車はこのまま走っては止まり，止まっては走る。本来南京までの七，八時間の道のりは，なんと24時間も走った。（『CCL』）
　(51)　土地生长了草木，草木养育了虫豸与禽兽。大地<u>绿了黄</u>，<u>黄了又绿</u>，生物便在物竞天择中演进，……。／土地は草木を育み，草木は虫と禽獣を育てる。大地は緑から黄に変わり，また黄から緑に変わる。生物は自然淘汰のなかで進化を遂げ，……。（『CCL』）

Ⅲ　異動併時反復：異なる動作あるいは現象の反復。
　　"$V_1V_1V_2V_2$"（条件：V_1とV_2の実施者は複数の個体である場合，もしくはV_1とV_2の具体的時間順序を無視する場合。）
　(52)　晚上，宜娟也来了，大家<u>说说笑笑</u>的，一天就飞驰过去了。／夜，宜絹も来た。みんな談笑して，一日はあっという間に過ぎた。（『CCL』）

　本研究は李宇明(2002)のⅠ～Ⅲの観点に賛同する。同時に，反復の表現は以上の形式にとどまらず，動態助詞や副詞などの語法手段もあると考えている。以下では，反復の構造および動態助詞と副詞によって表される反復を解析する。
　動作あるいは状態の反復は，その実施者は個体もしくは複数個体であってもいいが，一つの動作・状態もしくは複数（主に二つ）の動作・状態であってもいい。一つの動作あるいは状態の反復は図11で示されるような，複数の同様な動作（X）が繰り返して進行する，もしくは複数の同様な状態（Y）が繰り返して出現する，という構造になる。すなわち，動作の反復は進行の局面から派生し，状態の反復は状態の局面から派生する，ということである。
　(53)　<u>下周</u>，我<u>每天</u>都穿<u>着</u>运动服去上学。／来週，毎日運動服を着て学校に行く。

－ 64 －

D IV論文　　中国語の語法アスペクトの種類と構造

(54) 今后，每周必须向我汇报一次业绩。／今後，毎週一回必ず業績を私に報告しなさい。

(55) 你为什么每天都喝酒？／あなたはどうして毎日お酒を飲んでいるの？

(56) 东来西往的电气列车永无休止地吞吐着人流。／入れかわりたちかわり入って来る電車が，次々に人々を飲み込み，人々を吐き出している。

(57) 发明大王爱迪生，数十年间，每天都只睡三到四个小时。／発明王のエジソンは，数十年間，毎日3～4時間しか寝ていなかった。(『CCL』)

(58) 医院施工的半年间，每天都有上百名村民赶来参加劳动。／病院を建設していた半年間に，毎日100名ぐらいの村人が働きにやってきていた。(『CCL』)

(59) 那时的陆海天，每天穿着大胶靴，戴着大手套与有毒物质打交道，与普通工人毫无二致。／あの時の陸海天は，毎日，大きなゴム長靴を履いて，大きな手袋を嵌めて有毒物に触れており，普通の社員と全く同じだった。(『CCL』)

　動作や状態の反復は必ず一定の時間内に行われるため，その時間を表す言葉が必要になる。非過去あるいは過去の時間が示されていれば，動態助詞"零"と"着"および副詞"在"が動作と状態の反復を表すことができる。動態助詞"了"は時間の完結性［言及点3と5］を表す機能を持つため，反復を表すことができない。

4.2　単純状態

　中国語には，あたかも動作過程を持たないような動詞がある。例えば，"耸立"(聳える)の動作は，過程はあるが，人間には見ることができない。"死"(死ぬ)の動作も過程はあるが，瞬間に終わってしまうため，ほとんどないに等しい。この動作過程を無視してもいいような，よく状態で現れる局面を単純状態という。当然，話者が単純に状態の局面に注目し，それ以外の局面に全く関心をよせないときもある。このときの状態も単純状態の部類に入る。単純状態を表す標記は，動作性動詞あるいは状態性動詞の後ろに用いられる"着"と"了"であり，その用法は結果状態持続を表す場合と同様である。

(60) 我坚信明天会是个晴天，阳光照耀着嫩嫩的绿芽，含苞待放的花朵，……／私は明日も晴天であると固く信じている。太陽の光は若い緑の芽やつぼみを持って今にもほころびようとする花を照らしており，……(『CCL』)(状態動詞，未来)

(61) 明天，还端着今天的饭碗吗？／明日も今日の茶碗を持っているか。(『CCL』)(動作動詞，未来)

(62) 每一座山头上都镶嵌着几道莹白的积雪。／どの山も，山頂近いひだひだに幾条かの白い雪を持っている。(『CCL』)(動作動詞，現在)

(63) 人世间充塞着悲剧。／世間は悲劇に満ちている。(『CCL』)(状態動詞，現

－ 65 －

在)

(64) 我们俩一人穿<u>了</u>件红色的衣服，一人穿<u>了</u>件白色的衣服。／私たち二人
は，一人が赤の服を着ており，一人が白の服を着ている。(『CCL』)(動作
動詞，現在)

(65) 1898年9月28日，在北京宣武门外菜市口刑场上，屹立<u>着</u>六位即将就义的
好汉。／1898年9月28日，北京宣武門外菜市口の処刑場に，まもなく正
義のために死を迎える6名の好漢がそびえ立っている。(『CCL』)(状態動
詞，過去)

(66) 那时候，齐威王已经死<u>了</u>。／あのとき，斉威王はすでに死んでいた。
(『CCL』)(瞬間動詞，過去)

4.3 経験

　中国語の経験(経歴)相は，動作・行為・変化が以前すでに発生・進行，あるい
は状態が存在したということを指す。したがって，過去と現在の経験相はあるが，
未来の経験相はない。

　戴耀晶(1997)は，現代中国語の経験相の形態標記は“过”であると認識している
が，龔千炎(1995)，範暁・張豫峰(2008)などはそれと同様な考えを持っているう
え，“来着”も経験相の標記であると述べている。しかし，“来着”と共起する動詞
は必ず持続動詞であり，瞬間動詞であってはいけない(張誼生2000:62)。また，3
で分析してきたように，“来着”が表すのは，過去の進行，過去と現在の完成・結
果状態持続・結果状態完成・結果記憶である。経験相は完結相の一種であり，現
実相と同じように，経験相は外部から時間過程中の出来事構成を観察し，出来事
の分解できない完全的な性質を反映している(戴耀晶1997:57)。つまり，経験相は，
話者が40の現在位置に立って1～3の過程を丸ごとに捉える，もしくは60の現在位
置に立って3～5の過程を丸ごとに捉える，ということである。このような機能を
持つ動態助詞は“过”しかなく，現代中国語の経験相は“过”によって表されるので
ある。

　動作経験は持続性動詞でもいいし，瞬間動詞でもいい。

(67) 四月份两人曾经到渋谷斜坡上吃<u>过</u>鸡素烧。／四月には二人で渋谷の坂
の上のすきやき屋へ食事に行っている。(石川達三『青春の蹉跌』)(現
在経験)

(68) 因为以前去<u>过</u>，所以他很容易地找到了那家酒店。／前に行ったことが
あったので，彼はそのホテルを簡単に見つけた。(過去経験)

(69) 要讲死，我早已是死<u>过</u>多次了。／死と言えば，私はもう何回も死んで
いるよ。

　状態経験は“状態動詞＋过”の形によって表される。

(70) 我也失业<u>过</u>一次。／私も一回失業している。(現在経験)

（71）在这之前我中过一次毒，这是第二次了。／この前に一回中毒していたので，これは二回目だ。(過去経験)

4.4 パーフェクト

　パーフェクトの機能は，状態と叙述の時間を関連させることにあり，叙述中のある一点の情景に関わる背景評論を導入することにある（李吶ほか1994:119-120）。これを構造的に考えれば，パーフェクトは言及点3が言及点4にかかわる局面（図11参照）にあたる。中国語のパーフェクトは"了"によって表される。それは「"了"の基本的交際機能は一種の『目前相関状態』を表すことであり，つまり，"了"は現在時間において一つの出来事が某特定の『参照時間』と特定の関連を持つということを表す」（李吶ほか1994:121）からである。
　　（72）这封信落在你手里的时候，大概我已经离开这个世界，早就死了吧。／この手紙が貴方の手に落ちる頃には，私はもうこの世にはいないでしょう。とっくに死んでいるでしょう。（夏目漱石『坊ちゃん』）（未来パーフェクト）

"死了"は未来の出来事であるが，前文の出来事と一種の因果関係を持っている。
　　（73）师范的学生穿着制服；中学学生在仪式结束后大都换了民族服装，所以故我双方一看就明白。／師範は制服をつけているが，中学は式後大抵は日本服に着換えているから，敵味方はすぐわかる。（夏目漱石『坊ちゃん』）（現在パーフェクト）

過去に終わった動作"换了"は，現在の"明白"の原因となっている。
　　（74）"早都见过了？哪个？"／「会っている？だれだい？」（井上靖『あした来る人』）（現在パーフェクト）

"了"はパーフェクトを表す場合，"过＋了"の形で現れるときもある。このような場合，それを"（V＋过）＋了"と見なすことができる（竟成1993:54）。すなわち，パーフェクトを表すのは"过"ではなく，"了"であるということである。
　　（75）我要是事先准备一下，当天也就不会出那么大的丑了。当时，弄得你也怪没面子的吧。／事前に用意していれば，当日にはあんな大恥をかくことがなかった。当時，君もメンツがつぶれたと感じていただろう。（過去パーフェクト）

出来事はすべて過去のものであるが，話者が出来事"出那么大的丑了"によって聞き手に影響が出たかどうかを尋ねている。

－ 67 －

日本語構造伝達文法・発展D

5 まとめ

中国語の語法アスペクトの種類と表現方法をまとめれば，表3になる。

表3－中国語の基本アスペクト・派生アスペクトとその表現

		未来	現在	過去	完結／非完結
基本	開始(前)	〈零〉	〈零〉	語彙手段	非完結
	進行	〈着〉〈正在〉〈正在＋呢〉〈呢〉	〈着〉〈正在〉〈正在＋呢〉〈呢〉	〈着〉〈正在〉〈正在＋呢〉〈呢〉	非完結
	動作完成	〈了〉	〈了〉〈来着〉	〈了〉〈来着〉	完結
	結果状態持続	〈着〉〈呢〉	〈着〉〈了〉〈正在〉〈正在＋呢〉〈呢〉	〈着〉〈了〉	非完結
	結果状態完成	〈了〉	〈了〉〈过〉〈来着〉	〈了〉〈过〉〈来着〉	完結
	結果記憶持続	〈零〉	〈了〉〈过〉〈来着〉	〈了〉〈过〉〈来着〉	非完結
	開始(後)	×(無)	〈了〉	〈了〉	非完結
派生	反復	動詞の繰返し〈零〉〈着〉	動詞の繰返し〈零〉〈着〉	動詞の繰返し〈零〉〈着〉	非完結
	単純状態	〈着〉〈了〉	〈着〉〈了〉	〈着〉〈了〉	非完結
	経験	×(無)	〈过〉	〈过〉	完結
	パーフェクト	〈了〉	〈了〉	〈了〉	完結

－ 68 －

DⅣ論文　　中国語の語法アスペクトの種類と構造

　中国語のアスペクト体系の研究は盛んに行われてきたが，研究方法の違いおよび表現方法の複雑さなどの原因により，まだ未解明なところが多い。本研究は完全な出来事を中心に，その語法的アスペクトの種類と表現方法を考察している。中国語のアスペクトの全体像を把握するには，表層表現からのアプローチも重要であるが，その前にアスペクトの深層構造を明らかにすることが必要である。

参考文献

今泉喜一（2000）『日本語構造伝達文法』揺籃社

王松茂（1981）「漢語時体範疇論」『斉斉哈爾師範学院学報』第3期：65-76

王力（1943）『中国現代語法』（1985新1版）商務印書館

何偉・付麗（2015）「現代漢語体的功能視角研究」『北京科技大学学報（社会科学版）』第3期：10-19

竟成（1993）「関于動態助詞"了"的語法意義問題」『語文研究』第1期：52-57

龔千炎（1995）『漢語的時相時制時態』商務印書館

侯学超（1998）『現代漢語虚詞詞典』北京大学出版社

高名凱（1948）『漢語語法論』（1986再版新1版）商務印書館

尚新（2007）『英漢体範疇対比研究：語法体的内部対立与中立化』上海人民出版社

孫英杰（2007）『現代漢語体系統研究』黒龍江人民出版社

孫偉（2005）「中国語複文の時間表現について」『杏林大学大学院論文集』第2号：1-15

孫偉（2009）「日本語と中国語のアスペクト補助動詞」『比較日本文化学研究』第2号：141-154

戴耀晶（1997）『現代漢語時体系統研究』浙江教育出版社

陳前瑞（2005）「"来着"的発展和主観化」『中国語文』第4期：308-319

陳前瑞（2008）『漢語体貌研究的類型学視野』商務印書館

陳平（1988）「論現代漢語時間系統的三元結構」『中国語文』第6期：401-422

張誼生（2000）「略論時制助詞"来着"兼論"来着1"与"的1"以及"来着2"的区別」『大理師専学報』第4期：61-67

張斌（2002）『新編現代漢語』復旦大学出版社

張斌（2006）『現代漢語虚詞詞典』商務印書館

バーナード・コムリー（1976著）山田小枝（1988訳）『アスペクト』むぎ書房

範暁・張豫峰（2008）『語法理論綱要（修訂版）』上海訳文出版社

房玉清（1992）『実用漢語語法』北京語言文化大学出版社

楊寄洲ほか（1999）『漢語教程』北京語言大学出版社

李宇明（2002）「論"反復"」『中国語文』第3期：210-216

李鉄根（1999）『現代漢語時制研究』遼寧大学出版社

李臨定（1990）『現代漢語動詞』中国社会科学出版社

李訥ほか（1994）「已然体的話語理据：漢語助詞"了"」『功能主義与漢語語法』
　　北京語言学院出版社：117-138
劉月華ほか（2001）『実用現代漢語語法（増訂本）』商務印書館
黎錦熙（1924）『新著国語文法』（1992新1版）商務印書館
呂叔湘（1956）『中国文法要略』（1982新1版）商務印書館
呂叔湘（1999）『現代漢語八百詞（増訂本）』商務印書館

研究者紹介　孫偉　Sun Wei

略歴：1992年　中国から日本へ留学。
　　　　1996年　杏林大学日本語学科入学。
　　　　2000年　杏林大学大学院国際協力研究科入学。
　　　　2007年　同大学院修了，学術博士号取得。
　　　　2008年　中国に戻り，首都師範大学に就職し，日本語教師として今日に至る。副教授。

日本語構造伝達文法との関わり：2000年，今泉喜一先生の授業で初めて日本語構造伝達文法に出合い，この研究法の普遍性と正確さなどに魅了されている。以来，構造研究法を用いて，日中両言語のテンス，アスペクトの研究に取り組んでいる。

今回の論文について：今回の発表論文は構造研究法を用いて中国語の語法アスペクトの種類，構造，表現方法を考察するものである。論文では中国語の語法アスペクトを基本アスペクトと派生アスペクトに分け，各種アスペクトの構造を解析し，それぞれの表現方法を説明している。今回の論文は中国語アスペクト研究の初めの段階であり，今後もこのような研究を重ねていく所存である。

今後の研究予定：
　①構造研究法を用い，日本語と中国語のテンス範疇を比較・研究し，両者の異同を考えながら，中国語のテンス体系をさらに明らかにしたい。
　②研究チームを組み，日本語と中国語のアスペクト範疇を文法と語彙の両側面から考えている。これは，時間と工夫が必要な研究内容となっているが，少しずつ深めていきたい。

メールアドレス：sunwei19920918@yahoo.co.jp　／　swriyuxi@126.com

DV論文

中国語の句の意味構造

蒋 家義

目　次

詳細目次は p.iv　参照。

第1章　予備的考察　(73)

　　1　文の4つのレベル　(73)

　　2　中国語の文の図示法　(77)

　　3　日本語構造伝達文法と新しい図示法　(81)

　　4　本論文のねらいと考察対象　(87)

第2章　主述句　(89)

　　1　主述句の種類　(89)

　　2　深層格の分類　(91)

　　3　体言性主述句　(94)

　　4　形容詞性主述句　(98)

　　5　一項動詞性主述句　(100)

　　6　まとめ　(105)

第3章　述目句　(107)

　　1　述目句とは　(107)

　　2　述語と目的語との意味関係　(108)

　　3　格フレーム　(109)

　　4　二項動詞性主述句の意味構造　(118)

　　5　まとめ——述目句の意味構造　(125)

第4章　結果述補句　(129)

　　1　述補句の種類　(129)

　　2　結果述補句を含む動詞性主述句の分類　(130)

　　3　結果述補句を含む動詞性主述句の意味構造　(132)

　　4　まとめ——結果述補句の意味構造　(147)

おわりに　(152)

参考文献　(153)

第1章

予備的考察

本章は，予備的考察である。具体的に言えば，まずは，文を考察するために，深層格，表層格，文の成分，「主題－解説」構造といった文の4つのレベルを区別する可能性と必要性を主張する。次に，中国語の文の研究でよく利用されてきた符号図示法，枠式図示法，黎錦熙の図示法を検討する。その上で，日本語構造伝達文法の基礎，すなわち構造モデルと時空モデルについて論じ，日本語構造伝達文法に基づく新しい図示法を提示する。最後に，本論文のねらいと考察対象を述べる。

1 文の4つのレベル

1つの文を考察するにあたって，まずは4つのレベルを区別することが必要である[1]。以下，日本語を例として論じる。

1.1 第1レベル（深層格）

第1レベルは，(1)[2] に示されるように，述語としての動詞や形容詞，形容動詞の

---

1 これから述べようとする内容に関しては，村木（1991: 137-142, 175-176）と角田（2009: 177-239）に負うところが大きい。本章の第1レベル(深層格)，第2レベル(表層格)，第3レベル(文の成分)，第4レベル(「主題－解説」構造)は，それぞれ村木（1991）の提示した意味統語論的なレベル，形態統語論的なレベル，機能統語論的なレベル，通達統語論的なレベルにあたり，角田（2009）の提示した意味役割のレベル，格のレベル，統語機能のレベル，情報構造のレベルにあたる。

2 本書の例文は，主として《（人机通用）现代汉语动词大词典》，《汉语动词用法词典》，《HSK中国汉语水平考试词汇大纲汉语8000词词典》，《商务馆学汉语词典》，《现代汉语词典（第6版）》から引用した（一部の語句の省略を行うことがある）。ごく一部は，ほかの参考文献から引用した例文，或いは作例である。

表す事態において名詞や代名詞のさす事物が担う役割で，格文法でいう深層格のレベルである。（1）の述語動詞「食べる」の表す事態においては，名詞「花子」のさす事物が担う役割は，動作主で，名詞「パスタ」のさす事物が担う役割は，対象である。つまり，「花子」と「パスタ」の深層格は，それぞれ動作主と対象となっている。

```
(1)   花子が      パスタを      食べた。
      動作主      対象                    深層格
```

動作主，対象のほかには，状態主，着点，場所，手段，起点，相手などの深層格がある。

1.2　第2レベル（表層格）

　第2レベルは，深層格を示す形式のレベルで，格文法でいう表層格のレベルである。日本語では，深層格を示す主な形式は格助詞である。（2）では，格助詞「が」が動作主という深層格を，格助詞「を」が対象という深層格を示している。このような格助詞「が」と「を」は，表層格であり，それぞれ「が格」と「を格」というふうに呼ばれている。

```
(2)   花子が      パスタを      食べた。
      動作主      対象                    深層格
       が格          を格                  表層格
```

「が格」，「を格」のほかには，「に格」，「で格」，「から格」，「と格」などの表層格がある。
　深層格と表層格は，一対一の関係にあるわけではない。例えば，（3a）では，動作主が「が格」によって，対象が「を格」によって示されているが，（3b）では，動作主が「に格」によって，対象が「が格」によって示されている。

```
(3) a  太郎が      次郎を      殴った。
       動作主      対象                 深層格
        が格          を格               表層格

    b  次郎が      太郎に      殴られた。
       対象         動作主                深層格
        が格          に格               表層格
```

　ちなみに，深層格を示す形式には，日本語の格助詞のような後置詞のほかにラテン語や古代ギリシア語に見られる語形変化，中国語の"介词"のような前置詞などがある。

- 74 -

DＶ論文　中国語の句の意味構造　第1章　予備的考察

1.3　第3レベル（文の成分）

第3レベルは，（4）に示されるような，主語，述語，修飾語など，いわゆる文の成分のレベルである。文の成分は，文を構成している語句の統語的・意味的特徴によって決まる。

（4）　花子が　　　　パスタを　　　　食べた。
　　　動作主　　　*対象*　　　　　　　　　*深層格*
　　　　　が格　　　　*を格*　　　　　　　　*表層格*
　　　主語　　　　*修飾語*　　　*述語*　　*文の成分*

1.2節で述べたように，深層格と表層格は，一対一の関係にはない。深層格と文の成分も一対一の関係にはない。例えば，（5a）では，動作主となっている「太郎」が主語に，対象となっている「次郎」が修飾語になっているが，（5b）では，同じく動作主となっている「太郎」が修飾語に，対象となっている「次郎」が主語になっている。

（5）a　太郎が　　　　次郎を　　　　殴った。
　　　　動作主　　　*対象*　　　　　　　　　*深層格*
　　　　　　が格　　　　*を格*　　　　　　　*表層格*
　　　　主語　　　　*修飾語*　　　*述語*　　*文の成分*

　　b　次郎が　　　　太郎に　　　　殴られた。
　　　　対象　　　　*動作主*　　　　　　　　*深層格*
　　　　　　が格　　　　*に格*　　　　　　　*表層格*
　　　　主語　　　　*修飾語*　　　*述語*　　*文の成分*

なお，（5a）の「太郎」と（5b）の「次郎」がともに「が格」を取って主語になっているので，「が格＝主語」のような対応関係が見られそうであるが，次の（6）に示されるように，「が格」を取っている「花子」と「パスタ」は，それぞれ主語と修飾語になっている。つまり，表層格と文の成分も一対一の関係にあるわけではない。

（6）　花子が　　　　パスタが　　　　大好きだ。
　　　状態主　　　*対象*　　　　　　　　　*深層格*
　　　　　が格　　　　*が格*　　　　　　　　*表層格*
　　　主語　　　　*修飾語*　　　*述語*　　*文の成分*

1.4　第4レベル（「主題－解説」構造）

第4レベルは，（7）に示されるような「主題－解説」構造のレベルである。主題は，文が何について述べるのかを示す部分であるが，解説は，主題について述べる部分である。

－ 75 －

日本語構造伝達文法・発展D

(7)　花子は　　　　パスタを　　　　食べた。
　　　主題　　　　　　　解説　　　　　「主題－解説」構造

　日本語では，係助詞「は」が主題を示す形式である。中国語には，一部の"语气助词"
（modal particles）や前置詞，ポーズなど，主題を示す形式や方法がある。
　深層格，表層格，文の成分の間には，一対一の関係が存在しないと1.2節と1.3節で
述べた。(8) に示されるように，「主題－解説」構造は，深層格，表層格，文の成分
のいずれとも一対一の関係にはない。

(8) a　花子は　　　　パスタを　　　　食べた。
　　　　動作主　　　　対象　　　　　　　　　深層格
　　　　　（が格）　　　を格　　　　　　　　表層格
　　　　主語　　　　　修飾語　　　　述語　　文の成分
　　　　主題　　　　　　　解説　　　　　　　「主題－解説」構造

　　b　パスタは　　　　花子が　　　　食べた。
　　　　対象　　　　　　動作主　　　　　　　深層格
　　　　（を格）　　　　が格　　　　　　　　表層格
　　　　修飾語　　　　　主語　　　　述語　　文の成分
　　　　主題　　　　　　　解説　　　　　　　「主題－解説」構造

　以上のように，1つの文は，4つのレベルに分けて考察することが可能である。第1
レベル（深層格），第2レベル（表層格），第3レベル（文の成分），第4レベル
（「主題－解説」構造）は，それぞれ意味，形態，統語，語用といった文の異なった面
に着目しており，4つのレベルに分けることで，文をより細かく考察することができ
るようになる。

1.5　中国語の表層格

　中国語学では，1980年代に胡裕樹，張斌，范暁らによって提唱された"三个平面理
论"（「3つの平面」理論）[1] が有名である。この理論の核心は，文法を研究するにあたっ
て，統語，意味，語用といった異なった面を区別すべきであり，また，それらを互い
に結びつけるべきでもあるという観点にある。「3つの平面」理論は，1990年代に大き
な展開を遂げた。現在は，いわゆる"三维语法"（3次元文法）に発展している。ただ，
「3つの平面」理論，及び3次元文法は，本章で提示した第2レベル（表層格）を扱って
いない。これには，次のような原因が考えられる。
　すなわち，中国語学では，表層格よりも，深層格の研究が重視されている。中国語

1　詳しくは，陳（2002: 353-375）を参照されたい。

－ 76 －

に厳密な意味での語形変化がないという事実と，表層格が語形変化を持つ屈折語の文法カテゴリーであるという観念から，孤立語の中国語には，その文法カテゴリーは，存在しないと考えている研究者が少なくないのである。

これに対して，筆者は，語形変化のみならず，後置詞，前置詞，さらには無標の形式も深層格を示すことができ，中国語には，表層格が存在しており，しかも，その表層格には，無標の形式と有標の形式があると考える。無標の形式は，しばしば動作主や対象の深層格を示しているが，有標の形式は，"在"や"被"のような前置詞であり，動作主や対象を含めた様々な深層格を示している。無標の形式は，ゼロ格と呼び，有標の形式は，"在"格，"被"格などと呼ぶことにする。

例えば，（9）では，無標のゼロ格は，動作主や対象を示しているが，有標の"在"格，"被"格，"把"格は，それぞれ場所，動作主，対象を示している。

(9) a　在学校，　　　太郎　　　　打了　　　　次郎。
　　　　場所　　　　*動作主*　　　　　　　*対象*　　　*深層格*
　　　　"在"格　　　*ゼロ格*　　　　　　　*ゼロ格*　　*表層格*
　　　　前置詞-学校　太郎　　　殴った　　　次郎　　　（学校で太郎が次郎を殴った。）

　　b　在学校，　　　次郎　　　　被太郎　　　打了。
　　　　場所　　　　*対象*　　　*動作主*　　　　　　　*深層格*
　　　　"在"格　　　*ゼロ格*　　*"被"格*　　　　　　　*表層格*
　　　　前置詞-学校　次郎　　　前置詞-太郎　殴った　（学校で次郎が太郎に殴られた。）

　　c　在学校，　　　太郎　　　　把次郎　　　打了。
　　　　場所　　　　*動作主*　　*対象*　　　　　　　　*深層格*
　　　　"在"格　　　*ゼロ格*　　*"把"格*　　　　　　　*表層格*
　　　　前置詞-学校　太郎　　　前置詞-次郎　殴った　（学校で太郎が次郎を殴った。）

2　中国語の文の図示法

文の4つのレベルを区別して文の研究をするにあたって，妥当で明晰な記述と説明のために，図示法を活用することができる。中国語の文に関しては，文成分分析法で使われる符号図示法，段階分析法で使われる枠式図示法，黎錦熙の図示法がよく利用されてきた。

2.1　符号図示法

"句子成分分析法"（文成分分析法）は，文の分析法の1つで，文の成分を確認することによって文の構成を分析するものである。文成分分析法で使われる図示法は多くの符号を使うので，"符号図解法"（符号図示法）と呼ばれている。例えば，（10）では，次のような図示法になっている。

日本語構造伝達文法・発展D

二重下線 "＿＿" は "主语"（主語）を示す。
一重下線 "＿＿" は "述语"（述語）を示す，
波線 "〜〜〜" は "宾语"（目的語）を示す。
丸括弧 "（　　）" は "定语"（連体修飾語）を示す。
角括弧 "[　　]" は "状语"（連用修飾語）を示す。
突起括弧 "〈　　〉" は "补语" を示す。
　（"补语" は補語のこと。述語について補足説明する成分。詳しくは第4章「結果述補句」参照。）
縦二重線 "‖" は主語と述語部分との境界を示す。

(10) <u><u>花子</u></u> ‖ [每周] <u>吃</u> 〈一次〉（日式）<u>意大利面</u>。
　　　花子　　　　每週　食べる 1回　和風　パスタ
　　　　　　　　　　　　　　　（花子は週1回，和風パスタを食べる。）

　研究者によって文の成分を示す符号がかなり変わることもある。例えば，劉・潘・故（2001: 23）は，（11）に示されるように，"〜〜〜" で述語を，"＿＿" で目的語を，"〈　　〉" で連用修飾語を，"[　　]" で補語を示している。

(11) <u><u>花子</u></u> ‖〈每周〉吃 [一次]（日式）<u>意大利面</u>。

2.2　枠式図示法

　"层次分析法"（段階分析法）は，"直接成分分析法"（直接構成素分析法）とも呼ばれており，2.1の文成分分析法より文の階層性を重視している。段階分析法は，文全体を2つの大きな直接構成素に分けて両者の関係を確認して，さらに，その2つの直接構成素をそれぞれまた2つの小さな直接構成素に分けて両者の関係を確認して，というふうに繰り返すことによって，文の構成を分析するものである。

　例えば，（11）の"花子每周吃一次日式意大利面。"は，（12）のように，まずは，"<u>主谓</u>"関係を構成する直接構成素"花子"と直接構成素"每周吃一次日式意大利面"に分けている。（"<u>主谓</u>"関係……主語と述語部分。"主"は"主语"の略語である。"谓"は"谓语"の略語で，述語部分のことである。）

　次に，"谓"の"每周吃一次日式意大利面"を"<u>状中</u>"関係を構成する"每周"と"吃一次日式意大利面"に分けている。（"<u>状中</u>"関係……連用修飾語と被修飾語。"状"は"状语"の略語である。"中"は"中心语"の略語で，連体修飾語や連用修飾語の被修飾語のことである。）

　さらに，"中"の"吃一次日式意大利面"を"<u>述宾</u>"関係を構成する"吃一次"と"日式意大利面"に分けている。（"<u>述宾</u>"関係……述語と目的語。"述"は"述语"の略語で，"宾"は，"宾语"の略語である。"谓语"が"主语"の対概念であるのに対して，"述语"は"谓语"の主要部であるが，"宾语"の対概念である。）

　そして，"述"の"吃一次"を"<u>述补</u>"関係を構成する"吃"と"一次"に分けている。（"<u>述补</u>"関係……述語と補語。"补"は，"补语"の略語である。）

－ 78 －

"宾"の"日式意大利面"は"定中"関係を構成する"日式"と"意大利面"に分けている。("定中"関係……連体修飾語と被修飾語。"定"は"定语"の略語である。）

(12)　花子　毎周　吃　一次　日式　意大利面。

こうした図示法が，"框式图解法"（枠式図示法）と呼ばれている。

2.3　黎錦熙の図示法

中国語学において，初めて図示法を導入して文の分析を行ったのは，黎錦熙の《新著国语文法》[1]である（邵 2006: 80）。黎の図示法は，図1のようなものである。

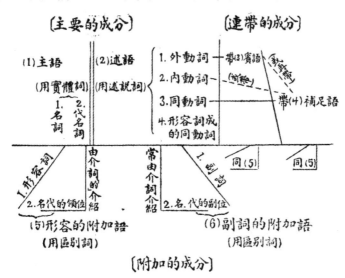

図1　黎式図示法の総体的公式（黎 1924: 27）

ここでは，具体例を通して黎の図示法を見ておく。まずは（13）である。（13）の図示は，図2のようになる。図中の"主语的形容附加语"とは，主語の連体修飾語のことであり，"宾语的形容附加语"とは，目的語の連体修飾語のことである。

---

[1] 1924年初版。1943年日本語翻訳版（題名:『黎氏支那語文法』，訳者:大阪外国語学校大陸語学研究所，出版:甲文堂書店）。

(13) 许多　强壮的　工人，造　一座　长的　铁　桥。(黎 1924: 23)
　　　たくさん　屈強な　労働者　建造する　1本　長い　　鉄橋
　　　　　　　　　　　　(たくさんの屈強な労働者が長い鉄橋を建造している。)

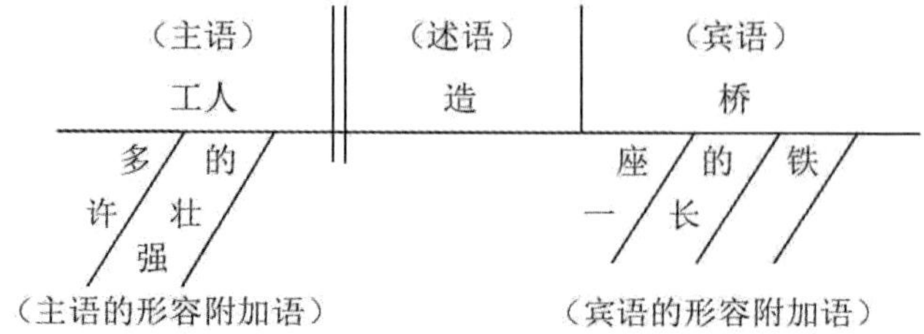

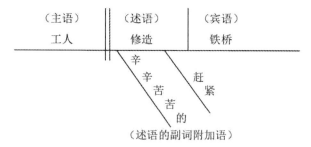

図2　黎式図示法による(13)の図示(黎 1924: 23)

次は，(14)である。(14)の図示は，図3のようになる。図中の"述语的副词附加语"とは，述語の連用修飾語のことである。

(14) 工人　辛辛苦苦的　赶紧　修造　铁桥。(黎 1924: 25)
　　　労働者　骨身を惜しまず　急いで　建造する　鉄橋
　　　　　　　　　(労働者が骨身を惜しまず，急いで鉄橋を建造している。)

図3　黎式図示法による(14)の図示(黎 1924: 25)

黎の図示法は，主として文の成分を示しているが，(15)の図示(図4)に示されるように，文の成分のみならず，"我"と"你"の間，"多读"と"多看"と"多说"の間，"国语文"と"国音字母"と"国语会话"と"国语文法"の間の"联合"(並列)関係を示すこともできる。

(15) 我　和　你　都　应该　多　读、多　看、而且　多　说　那些
　　　国语文、国音字母、以及　国语会话、国语文法。(黎 1924: 226)
　　　　私　と　君　みな　べきだ　多く　読む　多く　見る　しかも　多く　話す　それら
　　　　国文　　　　ピンイン　　　及び　国語会話　　国語文法
　　　　　　　(私と君はみな，国文，ピンイン，国語会話，及び国語文法を多く読んだり話したりしなければならない。)

- 80 -

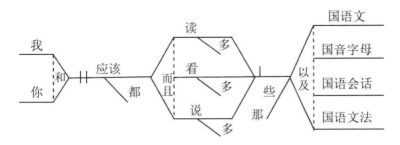

図4　黎式図示法による (15) の図示（黎 1924: 227）

3　日本語構造伝達文法と新しい図示法

　符号図示法，枠式図示法，黎の図示法は，主として文の成分を示していることになるが，文の成分のみならず，深層格や表層格，「主題－解説」構造を具現化する図示法が望ましい。本節では，この条件を満たすと考えられる日本語構造伝達文法に基づく新しい図示法を提示する。

3.1　日本語構造伝達文法の内容と特徴

　日本語構造伝達文法は，元杏林大学教授の今泉喜一博士が在職中に提唱したもので，「日本語の現象を立体構造モデルと時の流れのモデルを用いて説明する，新しい発想による（説明）文法」[1]である。

　今泉は，大学院時代（1973年～1975年，東京外国語大学）に日本語構造伝達文法を発想し，「日本語構造文法」と題する修士学位論文を書いた。1995年3月に「日本語構造伝達文法・序論」と題する論文（1995年，『杏林大学外国語学部紀要』第7号）を発表し，正式に日本語構造伝達文法を提起した。

　日本語構造伝達文法に関する研究成果は，著書としても出版された。2000年1月に今泉は，1995年から1999年に至るまでの研究をまとめ，①『日本語構造伝達文法』と題する著書（2000年，揺籃社，ISBN: 4897081475）を出版した。

　2003年8月にその後の研究をまとめた②『日本語構造伝達文法　発展A』（2003年，揺籃社，ISBN: 4897082056）を出版した。

　2009年11月に，「日本語態構造の研究」と題する博士学位論文を加筆・修正した③『日本語態構造の研究―日本語構造伝達文法　発展B―』（2009年，晃洋書房，ISBN: 9784771020931）を出版した。

　2014年2月に，④『主語と時相と活用と―日本語構造伝達文法・発展C―』（2014年，揺籃社，ISBN: 9784897083377）を出版した。

1　今泉のホームページによる。URL: http://www012.upp.so-net.ne.jp/nikodebu/最終確認日：2015年11月6日。

日本語構造伝達文法・発展D

　最初の著書　①『日本語構造伝達文法』は，2005年9月に改訂され，『日本語構造伝達文法　改訂05年版』(2005年，揺籃社，ISBN:4897082285)として出版され，2012年5月に再び改訂され，『日本語構造伝達文法　改訂12年版』(2012年，揺籃社，ISBN:9784897083117)として出版された。改訂は用語の修正等のわずかな部分にとどまっている。

表1　『改訂12年版』，『発展A』，『発展B』，『発展C』の目次

①『改訂12年版』	②『発展A』	③『発展B』	④『発展C』
第Ⅰ部 　構造モデル	AⅠ部 　主格，を格	BⅠ部　原因態・許容態	CⅠ部　日本語構造の基本
第Ⅱ部 　要素分類	AⅡ部 　テ，タ	B1章　出来事は4種類	C1章　日本語の主語
第Ⅲ部 　態（ヴォイス）	AⅢ部 　複文（1）条件表現	B2章　原因態-(s)as-	C2章　疲れる文（因果の複主体）
第Ⅳ部 　アスペクト（局面指示体系）	（1） AⅣ部 　複文（2）まえ・あと・とき	B3章　許容態-e- 　B4章　複合原因態 -(s)as-e-	C3章　同格複実体描写 　C4章　うなぎ文（形式断定基）
第Ⅴ部 　テンスとアスペクト（時と局面）	AⅤ部 　複文（3）従文のテンスとアスペクト	BⅡ部　許容態の語幹化（二段・一段化）	C5章　活用 CⅡ部　日本語慣用構造
第Ⅵ部 　「ある」と「いる」	AⅥ部 　複文（4）実体修飾法	B5章　動詞二段活用の発生と一段化	C6章　接続の構造（1）（理流・論流）
第Ⅶ部 　複主体	（1） AⅦ部	B6章　許容態の音声的前提	C7章　接続の構造（2）（接続力）
第Ⅷ部 　否定(1)時空否定	諸題 AⅧ部	B7章　許容態の発生と展開	C8章　挨拶表現の構造
第Ⅸ部 　否定(2)否定基本構造と描写	構造練習帳（1）	BⅢ部　態拡張による新動詞の発生	CⅢ部　日本語の時相
第Ⅹ部 　否定(3)否定構造		B8章　動詞態拡張24方式	C9章　古代語の時相 　C10章　日常の中の時相（1）
第ⅩⅠ部 　否定(4)否定諸題		B9章　動詞態拡張各方式	C11章　日常の中の時相（2）
第ⅩⅡ部 　「の」			CⅣ部　発話
第ⅩⅢ部 　諸題			C12章　発話構成6要素

－ 82 －

DＶ論文　中国語の句の意味構造　第1章　予備的考察

表1では，以上の4著書，つまり，

①『日本語構造伝達文法　改訂12年版』，

②『日本語構造伝達文法　発展Ａ』，

③『日本語態構造の研究―日本語構造伝達文法　発展Ｂ―』，

④『主語と時相と活用と－日本語構造伝達文法・発展Ｃ－』

の目次を取り上げて日本語構造伝達文法の内容を概観している。（それぞれを『改訂12年版』，『発展Ａ』，『発展Ｂ』，『発展Ｃ』と略称した。）

『改訂12年版』，『発展Ａ』，『発展Ｂ』，『発展Ｃ』は，合計1200ページ余りである。

『改訂12年版』には，13部42章があり，『発展Ａ』には，8部19章があり，『発展Ｂ』には，3部9章があり，『発展Ｃ』には，4部12章がある。

表1から分かるように，日本語構造伝達文法は幅広い内容を扱っている。

品詞（第Ⅱ部）

ヴォイス（第Ⅲ部，ＢⅠ部，ＢⅡ部，ＢⅢ部）

アスペクト（第Ⅳ部，第Ⅴ部，ＡⅣ部，ＡⅤ部，ＣⅢ部）

テンス（第Ⅴ部，ＡⅣ部，ＡⅤ部，ＣⅢ部）

否定（第Ⅷ部，第Ⅸ部，第Ⅹ部，第ⅩⅠ部）

修飾構造（第ⅩⅡ部，ＡⅥ部）

格（ＡⅠ部）

条件表現（ＡⅢ部）

活用（ＣⅠ部）

モダリティ（ＣⅣ部）

さらに，第ⅩⅢ部，ＡⅦ部，ＣⅠ部では，数量詞，やりもらい，多義文，主語，うなぎ文なども扱っている。

日本語構造伝達文法の大きな特徴としては，次の3点が挙げられる。

(1) 日本語構造伝達文法は，今泉が独自の言語観に基づいて唱えた斬新な文法理論であり，体系的で完成度の高い日本語文法である。

(2) 立体的なモデルで線状性の言語の仕組みを可視的に分析している。

(3) 切り離しては考えられないテンスとアスペクトを統合して扱っている。

次の節で日本語構造伝達文法の基礎を論じる。日本語構造伝達文法の全貌については，原著を参照されたい。

3.2　日本語構造伝達文法の基礎

日本語構造伝達文法では，構造モデルと時空モデルの2種類のモデルが設定されている。構造モデルと時空モデルは，日本語構造伝達文法の基礎となっている。

3.2.1　構造モデル

構造モデルとは，「言語表現の前提となる判断の形をモデル化したもので，ことば

の一つひとつの要素（形態素）がどのような関係で結びついているのかを示すためのモデル」である（今泉 2012:2）。構造モデルの詳細については，今泉（2012:1-102）を参照されたいが，ここで構造モデルを簡単に説明しておく。

構造モデルは，図5のような立体図，または立体図を簡略化した平面図で表示されている。

図5　構造モデルの基本（今泉 2012: 14）

構造モデル（平面図の場合）では，水平線が実体（主体）の属性を示し，水平線と十字をなして交差している垂直線がその属性の主体を示し，水平線と横倒れのT字をなして接している垂直線がその属性の客体を示している。以下，構造モデルの具体例を見ていく。

　（16）太郎がバスで学校に行った。

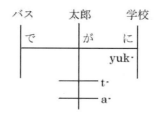

図6　（16）の構造モデル

図6は，（16）の構造モデルである。図6では，長い水平線が実体「太郎」の属性「yuk-（行く）」を示し，水平線と十字をなして交差している垂直線が主体「太郎」を示し，水平線と横倒れのT字をなして接している2本の垂直線がそれぞれ客体「バス」と「学校」を示し，水平線と垂直線との交点または接点のところに書いた「が」，「で」，「に」がそれぞれ「太郎」の深層格「動作主」，「バス」の深層格「手段」，「学校」の深層格「着点」を示している。

2本の短い水平線は，それぞれ，「t-」と「a-」の表すアスペクト的な意味を示している。「t-」は「開始後」を表し，「a-」は「存在」を表し，「t-」と結合して「完了（後）」を表しており，いずれも「行った」の「た」から分解された形態素である。このような短い水平線は，長い水平線の示す属性を補助し，アスペクトのほかに，ヴォイス，テンス，肯否，丁寧度などの補助属性を示すものもある。

(17) 彼は図書館で本を読みました。

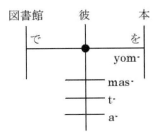

図7　(17) の構造モデル

　図7は，(17) の構造モデルである。図7では，長い水平線が実体「彼」の属性「yom-（読む）」を示し，水平線と十字をなして交差している垂直線が主体「彼」を示し，水平線と横倒れのT字をなして接している2本の垂直線がそれぞれ客体「図書館」と「本」を示し，水平線と垂直線との接点のところに書いた「で」，「を」がそれぞれ「図書館」の深層格「場所」，「本」の深層格「対象」を示している。水平線と垂直線との交点についた「●」は，名詞「彼」が主題であることを示している。
　3本の短い水平線は，「mas-」が丁寧度を示し，「t-」と「a-」がアスペクト的な意味を示している。「mas-」は，丁寧さを表し，「t-」は，「開始後」を表し，「a-」は，「t-」と結合して「完了（後）」を表しており，いずれも「読みました」の「ました」から分解された形態素である。
　また，図6と図7に示されたように，構造モデルでは，主体，客体，深層格の名称は，漢字・仮名の表記となっているが，属性，補助属性の名称は，ローマ字の表記となっている。

3.2.2　時空モデル

　時空モデルは，「人間が現実の事態を理解しようとする際に行うであろう現実の再構成——諸対象の記号化と関係づけ——をモデル化したもの」であり（今泉 2012: 2），時間における事態の位置づけを扱っている。ここで時空モデルを簡単に説明しておく。時空モデルの詳細については，今泉（2003:70-78, 2012:117-160）を参照されたい。時空モデルは，図8のように表示されている。

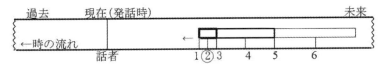

図8　時空モデルの一例（(18) の時空モデル）（今泉 2012: 145）

時空モデルでは，川の流れのように，時間が未来から話者の立っている現在を経て，過去へと流れていく。時間の流れに乗った事態は，川の上に浮かんでいる舟のように，未来から現在に近づいてきて，そばを通り過ぎ，過去へと運ばれていく。
　時空モデルは，主として事態のテンス，アスペクト的な意味を示している。テンス的な意味は，事態の舟の位置で示されている。舟が話者の右側にあれば，事態が未来にあり，舟が話者の立っているところにあれば，事態が現在に進行しており，舟が話者の左側にあれば，事態が過去になっている。アスペクト的な意味は，事態の舟に書いてある数字で示されている。数字1が開始を，2が進行中を，3が完了／進行完了を，4が結果状態継続を，5が結果状態継続完了を，6が結果記憶を示している。
　以下，時空モデルの具体例を見ていく。

　　（18）明日の14時ごろ，彼は図書館で本を読んでいる。

　（18）の事態がテンスとしては未来，アスペクトとしては進行中であるので，図8は，そのまま（18）の時空モデルを表示することができる。この時空モデルでは，未来は，事態の舟が話者の右側にあることで示されており，進行中は，○のついた数字2で示されている。

　　（19）昨日の14時ごろ，彼は図書館で本を読んでいた。

図9　（19）の時空モデル（今泉 2012: 147）

　（19）の事態が過去の進行中であるので，図9は，（19）の時空モデルとなっている。この時空モデルでは，過去は，事態の舟が話者の左側にあることで示されている。進行中は，○のついた数字2で示されている。

3.3　日本語構造伝達文法に基づく新しい図示法
3.3.1　構造モデルの位置づけ
　人間の脳は，鏡のように実際の世界を映すのではなく，認知というフィルターを通してアレンジされた世界を映している。アレンジされた世界は，文の意味の元となっている。
　日本語構造伝達文法の構造モデルは，主として文の意味構造を示しており，文の意味構造の立体的な再現であり，アレンジされた世界の投影でもある。最終的には，構造モデルは，認知と関連づけられる。こうした流れでの構造モデルの位置づけは，図

10のようになるであろう。

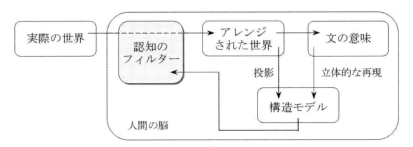

図10　構造モデルの位置づけ（本論文筆者・蒋家義による理解）

3.3.2　構造モデルに基づく新しい図示法

　さて，深層格や表層格，「主題－解説」構造を具現化する図示法が望ましいと述べたが，3.2.1節の検討から分かるように，構造モデルは，深層格，表層格，「主題－解説」構造を含めて，文の意味構造を示すことができる。したがって，構造モデルに基づく新しい図示法は，以上の条件を満たすと考えられる。

　新しい図示法は図6と図7のような日本語構造伝達文法の構造モデルを取り入れるが，それを中国語に適用するには，次のような説明と「アレンジ」を加える必要がある。
①属性は，述語としての動詞や形容詞の表す事態(動作または状態)に相当している。
②主体は，事態の成立に必須の実体である。
③すべての事態に客体が現れるわけではないので，客体は，事態の成立に必須・非必須の実体である。
④事態の成立に必須の実体が2つ以上ある場合，最も重要な，または認識されやすい実体は，主体となっている。
⑤属性，主体，客体は，それぞれ1つのまとまりとして認識されているが，補助属性は，属性，主体，客体などに関する別個の情報（ヴォイス，テンス，アスペクト，肯否，丁寧度など）である。
⑥属性，補助属性の名称の表記をローマ字から漢字に変える。
⑦用語「属性」と「補助属性」をそれぞれ「事態」と「補助事態」に置き換える。
⑧深層格は，述語の表す事態において主体や客体が担う役割と規定しなおす。
⑨深層格の名称の表記を「が」，「を」，「で」，「に」のような表層格から「動作主」，「対象」，「手段」，「着点」のような深層格そのものの名称に変える。

4　本論文のねらいと考察対象

　構造モデルに基づく新しい図示法を使って中国語の句の意味構造を考察しながら，日本語構造伝達文法の中国語への適用を試みるのが本論文のねらいである。

日本語構造伝達文法・発展D

　中国語では，単語と単語とが結合して句を構成する際の文法規則は，句とほかの語句とが結合して文を構成する際の文法規則とほぼ同じである。しかも，中国語の句は，ほかの語句と結合して文になることができるし，単独で独立して文になることもできるので，文の土台であると考えられる。つまり，句の構造の考察によって，文の構造も明らかになるはずである。したがって，本論文では，句に注目して論じる。
　句を構成する単語間の関係によって，中国語の句は，だいたい次の7タイプ[1]に分かれる。そのうち，(3)述補句，(4)述目句，(5)主述句が本論文の考察対象となる。**(3)述補句は第4章で扱い，(4)述目句は第3章で，(5)主述句は第2章で扱う。**

(1) "联合短语"（連合句：2つ以上の単語が対等の関係にある）

　　　工人　农民　　　　　　　　　　　你　和　我
　　　労働者 農民　（労働者農民）　　　君　と　僕　　（君と僕）

(2) "偏正短语"（主従句：連体修飾語と被修飾語，または連用修飾語と被修飾語の関係にある）

　　　新　书　　　　　　　　　　　　非常　漂亮
　　　新しい 本　　（新しい本）　　　非常に きれいだ　（非常にきれいだ）

(3) "述补短语"（**述補句**：述語と補語の関係にある）……[第4章]

　　　洗　干净　　　　　　　　　　　走　得　快
　　　洗う きれいだ　（きれいに洗う）　歩く補語標識 速い　（速く歩く）

(4) "述宾短语"（**述目句**：述語と目的語の関係にある）……[第3章]

　　　吃　饭　　　　　　　　　　　　去　中国
　　　食べる ご飯　（ご飯を食べる）　行く　中国　　　　（中国に行く）

(5) "主谓短语"（**主述句**：主語と述語部分の関係にある）……[第2章]

　　　身体　健康　　　　　　　　　　他　北京人
　　　体　健康だ　（体が健康だ）　　彼　北京の人（彼は[本籍が]北京の人だ）

(6) "连动短语"（連動句：連続した動詞や動詞句が同じ主語を持っているという関係にある）

　　　站　着　看　　　　　　　　　　打　电话　通知　他
　　　立つ ている 見る（立ったまま見る）掛ける 電話　知らせる 彼
　　　　　　　　　　　　　　　　　　　　（電話を掛けて彼に知らせる）

(7) "兼语短语"[2]（兼語句：前の述目句の目的語が後ろの主述句の主語を兼ねているという関係にある）

　　　请　他　写　信　　　　　　　　喜欢　他　认真
　　　頼む 彼　書く 手紙　　　　　　好きだ 彼　誠実だ
　　　（彼に頼んで手紙を書いてもらう）（彼の誠実さが好きだ）

1　それぞれの例と日本語訳は，鳥井（2008）による。
2　(7)"兼语短语"は，句と句とが結合して構成された複雑な句である。

－ 88 －

DV論文　中国語の句の意味構造　第2章　主述句

第2章

主述句

p.88の(5)

本章では，前章「予備的考察」を踏まえ，中国語の主述句について考察する。まずは，主述句の下位類である体言性主述句，形容詞性主述句，動詞性主述句を論じる。次に，句の意味構造の分析に使う深層格の分類を述べる。その上で，体言性主述句，形容詞性主述句，動詞性主述句(一項動詞性主述句)の意味構造を分析し，それぞれを図示する。最後に，要点をまとめる。

1　主述句の種類

"主谓短语"，すなわち主述句は，複数の語句が主語と述語部分の関係で結合して構成される句である。述語部分の主要部である述語の品詞性によって，"体词性"(体言性) 主述句と，"谓词性"(用言性) 主述句に分かれる。

1.1　体言性主述句

体言性主述句の述語部分は，主語について，時間(日づけ，時刻，曜日，節気，祝日など)，天気，本籍，数量(年齢，長さ，重さ，価格など)，特徴，状況などを述べる[1]。

(1) a　明天 ‖ 二十六号
　　　　明日　　26日　　　　　(明日は26日だ)

b　現在 ‖ 10点20分
　　　今　　10時20分　　　(今は10時20分だ)

c　今天 ‖ 阴天
　　　今日　　曇天　　　　(今日は曇天だ)

d　他 ‖ 北京　人
　　　彼　　北京　　人　　　(彼は[本籍が]北京の人だ)

1　以下，"‖"で主語と述語部分との境界を示す。

- 89 -

e　他 ‖ 二十五岁
　　　　彼　　　25歳　　　　　　　　　（彼は25歳だ）

　　f　一季 ‖ 三个　月
　　　　1季　　　3つ　　月　　　　　（1季は3ヶ月だ）

　　g　这　件　衣服 ‖ 120元
　　　　この　枚　上着　　120元　　　（この上着は120元だ）

　　h　他　这个　人 ‖ 急性子
　　　　彼　この　　人　　せっかちな人　（彼はせっかちな人だ）

　　i　窗　外 ‖ 漆黑　一片
　　　　窓　外　真っ暗だ　一面　　　　（窓の外は一面真っ暗だ）

　体言性主述句の述語は，名詞，名詞句，数量詞，数量詞句など，体言性のものである。例えば，(1)で，"阴天"，"急性子"は名詞であり，"北京人"，"三个月"は名詞句であり，"二十六号"，"10点20分"，"二十五岁"，"120元"は数量詞であり，"漆黑一片"は数量詞句である。
　(1)のような体言性主述句は，その形式を次のように表示することができる。

　　　　　{主語語句}{述語体言性語句}

1.2　形容詞性主述句

　用言性主述句は，さらに形容詞性主述句と動詞性主述句に分かれる。
　形容詞性主述句は，形容詞を述語の中核とする主述句である。その述語部分は，主語の性質や状態を描写している。

　(2)a　石头 ‖ 重
　　　　石　重い　　　　　　　　　（石が重い）

　　b　身体 ‖ 健康
　　　　体　健康だ　　　　　　　　（体が健康だ）

　　c　工作 ‖ 兢兢业业
　　　　仕事　こつこつとまじめだ　　（仕事はまじめにこつこつやる）

　　d　坐　火车 ‖ 安全
　　　　乗る　電車　　安全だ　　　　（電車を利用することは安全だ）

　　e　这里　的　人 ‖ 很　多
　　　　ここ　の　人　とても　多い　（ここにたくさんの人たちがいる）

　　f　这个　小孩 ‖ 很　聪明
　　　　この　子供　とても　聡明だ　（この子はとても聡明だ）

DV論文　中国語の句の意味構造　第2章　主述句

g　搭　汽车 ‖ 最　方便
　　乗る　自動車　最も　便利だ　　　　（バスに乗るのが最も便利だ）

(2)のような形容詞性主述句は，その形式を次のように表示することができる。

{_{主語}語句}{_{述語}形容詞性語句}

1.3　動詞性主述句

　動詞性主述句は，動詞を述語の中核とする主述句である。その述語部分は，主語の関わる動作，状態などを述べている。

(3)　a　大堤 ‖ 崩溃　了
　　　　堤防　　崩壊する　た　　　　　　（堤防が崩壊した）

　　　b　人们 ‖ 奔跑　着
　　　　人々　　走る　ている　　　　　　（人々が走っている）

　　　c　爸爸 ‖ 打　了　我
　　　　父　　殴る　た　私　　　　　　　（父が私を殴った）

　　　d　妈妈 ‖ 抱　着　孩子
　　　　母親　　抱く　ている　子供　　　（母親が子供を抱いている）

　　　e　新鲜　的　果汁 ‖ 很　有　营养
　　　　新鮮　の　ジュース　とても　持つ　栄養　（新鮮なジュースが栄養に富む）

　　　f　我 ‖ 是　大学生
　　　　私　　だ　大学生　　　　　　　　（私が大学生だ）

　　　g　父亲 ‖ 给　儿子　十块　钱
　　　　父親　　与える　息子　10元　お金　　（父親が息子に10元を与える）

　　　h　冰箱 ‖ 修　好　了
　　　　冷蔵庫　修理　し終わる　た　　　（冷蔵庫がちゃんと修理された）

　　　i　他 ‖ 跑　得　很　快
　　　　彼　　走る〔補語標識〕とても　速い　（彼はとても速く走る）

　　　j　他 ‖ 非常　喜爱　文学
　　　　彼　　非常に　愛好する　文学　　（彼は文学が大好きだ）

2　深層格の分類

　主述句や述目句，述補句の意味構造を分析するには，深層格の情報が不可欠である。深層格は，動作主，対象，状態主，着点，場所，手段，起点，相手など，述語の表す事態において主体や客体が担う役割である。述語の表す事態と実体の深層格が分かれ

日本語構造伝達文法・発展D

ば，句の基本的な意味構造も分かる。ここでは本論文で使う深層格の分類を説明する。

本論文は，次の2書の提示した深層格の分類を使う。

《动词大词典（人机通用）》（編集長魯川，副編集長王玲玲，中国物質出版社
出版，1994年。以下，魯・王（編）1994と記す。）

《（人机通用）现代汉语动词大词典》[1]（編集長林杏光・王玲玲・孫徳金，北京
語言学院出版社出版，1994年。以下，林・王・孫（編）1994と記す。）

この分類は，魯・林（1989: 12-14）に基づいて修正されたものであり，次の22種
類となっている。

"施事，当事，領事，受事，客事，結果，与事，同事，基准，系事，分事，数量，
工具，材料，方式，范围，時间，処所，方向，依据，原因，目的"

中国語の深層格，またはそれにあたるものの分類を提示した研究は少なくない。例
えば，賈（1992: 225-231），史（1992: 83-89），傅（1994: 178-181），陳（1998: 26-
27），孟・鄭・孟・蔡（1999: 8-12），劉（2005: 119），陳（2007: 15-16），邵・任・李
・税・呉（2009: 194-197）などがある。

本論文が上の魯・王（編）（1994）と，林・王・孫（編）（1994）の分類を選んだ理
由は，この分類の妥当性が2000余り[2]の動詞の深層格を詳細に記述することによって，
検証されたからである。以下，林・王・孫（編）（1994: 26-30）に基づいて，この22
種類の深層格を簡単に説明する[3]。

施事＝自発的な動作，行為，状態の主体

"那个ぁの 人人 跑逃げる 了た"（あの人が逃げた）の"那个人"

"哥哥兄 打殴る 弟弟弟"（兄が弟を殴る）の"哥哥"

"她彼女 扮演扮する 白毛女白毛女"（彼女が白毛女の役を務める）の"她"

当事＝非自発的な動作，行為，状態の主体

"他彼 死死ぬ 了た"（彼が死んだ）の"他"

"我私 碰见出会う 一个1つ 老古い 朋友友人"（私が古くからの友人に出会う）の"我"

"小さん 王王 是だ 老师教員"（王さんが教員だ）の"小王"

領（领）事＝所有関係の主体

"我私 有持つ 一本1冊 书本"（私が1冊の本を持っている）の"我"

"蜻蜓トンボ 有持つ 两对2対 翅膀羽"（トンボが2対の羽を持つ）の"蜻蜓"

受事＝自発的な動作，行為に関わる客体

"哥哥兄 打殴る 弟弟弟"（兄が弟を殴る）の"弟弟"

---

1 "人机通用"は，人間と機械の両方に通用するということである。

2 魯・王（編）（1994）は，1000余りの動詞を見出し語として収め，林・王・孫（編）（1994）
は，2000余りの動詞を見出し語として収めている。

3 深層格の名称は，翻訳せずに，そのまま中国語を使うことにする。ただし，一部の漢字を日本
語の漢字に変換する。

- 92 -

DV論文　中国語の句の意味構造　第2章　主述句

客事＝非自発的な動作に関わる客体

　　　"我私 碰见出会う 一个1人 老古い 朋友友人"（私が古くからの友人に出会う）
　　　　　　　　　　　　　　　　の"一个老朋友"

　　　"我私 有持つ 一本1冊 书本"（私が1冊の本を持っている）の"一本书"

結（结）果＝生じたり，引き起こしたり，達成したりした結果

　　　"他彼 创作創作する 了た 这个この 剧本脚本"（彼がこの脚本を創作した）の"这个剧本"

　　　"两个2人 人人 产生生じる 了た 隔阂隔たり"（2人の間に隔たりができた）の"隔阂"

与（与）事＝利害関係にある客体

　　　"老师先生 送送る 我私 一支1本 笔筆"（先生が私にペンをくれた）の"我"

　　　"老年取った 先生先生 指点指導する 过たことがある 我私"
　　　　　　　　　　　　　（老先生が私を指導した）の"我"

同事＝相手にされる，或いは除外される客体

　　　"我私 联络連絡する 了た 几个何人か 同学同級生"（私が同級生何人かに連絡した）
　　　　　　　　　　　　　　　　の"几个同学"

　　　"我们私たち 要なければならない 团结団結する 群众大衆"（私たちが大衆と団結しな
　　　　　　　　　　　　　　　ければならない）の"群众"

基準（准）＝比較，測定の目安となる客体

　　　"她彼女 比より 我私 跑走る 得補語標識 快速い"（彼女が私より速く走れる）の"我"

系事＝主体の類別，身分，役割

　　　"小さん 王王 是だ 老师教員"（王さんが教員だ）の"老师"

　　　"她彼女 扮演扮する 白毛女白毛女"（彼女が白毛女の役を務める）の"白毛女"

分事＝領事の構成部分

　　　"蜻蜓トンボ 有持つ 两对2対 翅膀羽"（トンボが2対の羽を持つ）の"两对翅膀"

数量＝数量，頻度

　　　"秘书秘書 喝飲む 了た 一杯1杯"（秘書が1杯飲んだ）の"一杯"

　　　"船队船団 前进前進する 了た 一百米百メートル"（船団が百メートル前進した）
　　　　　　　　　　　　　　　　の"一百米"

工具＝使われる道具

　　　"我私 吃食べる 小小さな 碗茶碗"（私が小さな茶碗で食べる）の"小碗"

　　　"她彼女 听聞く 半导体トランジスタラジオ"（彼女がトランジスタラジオで聞く）
　　　　　　　　　　　　　　　　の"半导体"

材料＝使われる材料，消費される物資

　　　"用で 煤气ガス 煮炊く 饭ご飯"（ガスでご飯を炊く）の"煤气"

方式＝使われる方法，形式

　　　"我们私たち 下午午後 考試験する 口试口述試験"（午後，私たちが口述試験で受験する）
　　　　　　　　　　　　　　　　の"口试"

　　　"大宝大宝 正在ちょうど 画描く 油画油絵"（大宝がちょうど油絵で絵を描いている）
　　　　　　　　　　　　　　　　の"油画"

－ 93 －

日本語構造伝達文法・発展D

範囲（范围）＝関連する領域，範囲，及び伴う状況

　　　"他们彼ら 讨论議論する 了た 这个この 问题問題"（彼らがこの問題について議論した）
　　　　　　　　　　　　　　　の"这个问题"

　　　"他彼 的の 作品作品 轰动沸き立つ 了た 艺术界芸術界"
　　　　　　　　　　　　　（彼の作品が芸術界を沸き立たせた）の"艺术界"

時間（时间）＝事態の起こる時点，或いは継続する期間

　　　"老师先生 熬辛抱する 了た 一个1つ 通宵1晩中"（先生が1晩徹夜した）の"一个通宵"

　　　"全全部の 家家族 过過ごす 了た 一个1つ 团圆节中秋節"（家族全員が中秋節を過ごし
　　　　　　　　　　　　　　　　　　　た）の"一个团圆节"

処所（处所）＝事態の起こる場所，状況，及び経過域

　　　"奶奶おばあさん 住住む 里屋奥の部屋"（おばあさんが奥の部屋に住む）の"里屋"

　　　"他们彼ら 进入入る 这个この 洞洞窟"（彼らがこの洞窟に入る）の"这个洞"

方向＝時間や空間の方向

　　　"大雁サカツラガン 朝へ 南南 飞飛ぶ"（サカツラガンが南へ飛ぶ）の"南"

依拠（据）＝拠り所

　　　"我们私たち 遵照従う 上级上級機関 的の 指示指示"（私たちが上級機関の指示に従う）
　　　　　　　　　　　　　　　の"上级的指示"

　　　"他们彼ら 只ただ 能できる 吃食べる 救济救済"（彼らが救済だけに頼って生活する）
　　　　　　　　　　　　　　　の"救济"

原因＝事態を引き起こす原因

　　　"她彼女 正ちょうど 愁悩む 路费旅費"（彼女が旅費で悩んでいる）の"路费"

　　　"他们彼ら 正在ちょうど 躲避避ける 炮弹砲弾"（彼らが砲弾を避けている）の"炮弹"

目的＝達成しようとする目標

　　　"厂长工場長 跑走る 材料資材"（工場長が資材のために飛び回る）の"材料"

　　　"大家みんな 等待待つ 他彼 的の 消息便り"（みんなが彼からの便りを待つ）
　　　　　　　　　　　　　　　の"他的消息"

3　体言性主述句

3.1　体言性主述句の深層格

体言性主述句

$$\{_{主語}語句\}\{_{述語}体言性語句\}$$

では，述語（体言性語句）は，名詞，名詞句，数量詞，数量詞句など，体言性のもの
であり，その体言性のゆえに事態（動作または状態）を表しにくく，見かけの述語と
なっている。見かけの述語（体言性語句）が表すのは，実体である。

　見かけの述語（体言性語句）は，事態を表しにくいが，事態は，存在しないとい
うわけではない。主語のさす実体と，見かけの述語（体言性語句）のさす実体との間
には，実体と実体をつなぐ役割をする事態が存在している。

－ 94 －

ＤＶ論文　中国語の句の意味構造　第2章　主述句

　こうした事態を表すのは，無標であるが，繋辞にあたる二項動詞である。林・王・孫（編）（1994: 24-34）では，繋辞にあたる二項動詞を二項系属動詞と呼んでいる[1]。この無標の二項系属動詞は，体言性主述句の「本当の述語」として働いている。

　「本当の述語」(無標の二項系属動詞)は，「見かけの述語」（体言性語句）とともに

　　　　述目句　　{(本当の) 述語（無標の）二項系属動詞}{目的語 (見かけの述語) 体言性語句}

を構成しており，「見かけの述語」（体言性語句）は，その目的語になっている。こうした述目句は主語としての語句とともに二項系属動詞を述語とする二項動詞性主述句

　　　　　　{主語語句}{{(本当の) 述語（無標の）二項系属動詞}{目的語 (見かけの述語) 体言性語句}}

を構成している。

　このようにして，体言性主述句

　　　　　　{主語語句}{述語体言性語句}

は，二項動詞性主述句

　　　　　　{主語語句}{{(本当の) 述語（無標の）二項系属動詞}{目的語 (見かけの述語) 体言性語句}}

に変換される。後者は，前者と同じ意味構造を持っている。

　実際には多くの体言性主述句は，（4）に示すように，述語部分に有標の二項系属動詞"是"を加えて，意味構造を変えずに"是"を述語とする二項動詞性主述句に変換することができる。

（4）a　明天　‖　二十六号
　　　　明日　　　　26日

　　　　明天　‖　是　二十六号
　　　　明日　　だ　26日　　　　　（明日は26日だ）

　　b　現在　‖　10点20分
　　　　今　　　　10時20分

　　　　現在　‖　是　10点20分
　　　　今　　　だ　10時20分　　　（今は10時20分だ）

　　c　今天　‖　阴天
　　　　今日　　　曇天

　　　　今天　‖　是　阴天
　　　　今日　　だ　曇天　　　　　（今日は曇天だ）

　　d　他　‖　北京　人
　　　　彼　　　北京　人

　　　　他　‖　是　北京　人
　　　　彼　　だ　北京　人　　　　（彼は[本籍が]北京の人だ）

1　本章の二項系属動詞，一項内動詞，一項自動詞について，詳しくは，第3章「述目句」の3.2節「格フレームと格フレームのタイプ」を参照されたい。

日本語構造伝達文法・発展D

e 他 ‖ 二十五岁
  彼　　　25歳

  他 ‖ 是 二十五岁
  彼　　だ　25歳　　　　　　　　　　　　　（彼は25歳だ）

f 一季 ‖ 三个 月
  1季　　3つ　月

  一季 ‖ 是 三个 月
  1季　　だ　3つ　月　　　　　　　　　　（1季は3ヶ月だ）

g 这 件 衣服 ‖ 120元
  この 枚 上着　　120元

  这 件 衣服 ‖ 是 120元
  この 枚 上着　　だ　120元　　　　　　（この上着は120元だ）

h 他 这个 人 ‖ 急性子
  彼 この 人　　せっかちな人

  他 这个 人 ‖ 是 急性子
  彼 この 人　　だ　せっかちな人　　　（彼はせっかちな人だ）

i 窗 外 ‖ 漆黑 一片
  窓 外　　真っ暗だ 一面

  窗 外 ‖ 是 漆黑 一片
  窓 外　　だ　真っ暗だ 一面　　　　　（窓の外は一面真っ暗だ）

二項動詞性主述句

　　{_{主語}語句}{{_{（本当の）述語}（無標の）二項系属動詞}{_{目的語（見かけの述語）}体言性語句}}

では，二項系属動詞は，実体と実体をつなぐ役割をする系属的事態を表している。その成立に必須の実体は，主体と客体との2つあり，それぞれは，当事と系事の役割を担っている。

　　　当事＝非自発的な動作，行為，状態の主体
　　　系事＝主体の類別，身分，役割

体言性主述句

　　{_{主語}語句}{_{述語}体言性語句}

は，二項動詞性主述句

　　{_{主語}語句}{{_{（本当の）述語}（無標の）二項系属動詞}{_{目的語（見かけの述語）}体言性語句}}

と同じ意味構造にあるので，体言性主述句には，系属的事態が存在しており，その成立に必須の実体も主体と客体との2つ（主語のさす実体と，見かけの述語（体言性語句）のさす実体）であり，主体と客体が担う役割（主体と客体の深層格）もそれぞれ当事と系事であると考えられる。

- 96 -

なお，体言性主述句

{_主語_語句}{_述語_体言性語句}

では，見かけの述語（体言性語句）のさす実体は，主語のさす実体の時間，天気，本籍，数量，特徴，状況などである。主語のさす実体は，見かけの述語（体言性語句）のさす実体より認識されやすく，主体となっている。

3.2 体言性主述句の意味構造と図示

以上をまとめると，次のようになる。体言性主述句

{_主語_語句}{_述語_体言性語句}

では，主語のさす実体が主体となり，「見かけの述語」(体言性語句)のさす実体が客体となり，「本当の述語」(無標の二項系属動詞)の表すことが系属的事態となっており，主体と客体の深層格は，それぞれ当事と系事となっている。つまり，体言性主述句は，

　　　_当事_主体－_系属的_事態－_系事_客体

という意味構造[1]を持っている。

この意味構造は，図1のように，図示することができる。

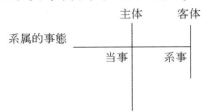

図1　体言性主述句の意味構造の図示

図1では，水平線が系属的事態を示し，水平線と十字をなして交差している垂直線が主体を示し，水平線と横倒れのT字をなして接している垂直線が客体を示し，水平線と垂直線との交点または接点のところに書いた"当事"と"系事"がそれぞれ主体の深層格「当事」と客体の深層格「系事」を示している。

具体例 (5)=(4)の a, c, d, i の意味構造の図示は，図2のようになる。

(5) a 明天 ‖ 二十六号
　　　明日　　26日　　　　　　（明日は26日だ）

　　b 今天 ‖ 阴天
　　　今日　　曇天　　　　　　（今日は曇天だ）

　　c 他 ‖ 北京 人
　　　彼　　北京　人　　　　　（彼は[本籍が]北京の人だ）

　　d 窗 外 ‖ 漆黑 一片
　　　窓　外　　真っ暗だ　一面　（窓の外は一面真っ暗だ）

---

[1] 意味構造は，「主体→事態→客体→補助事態」という順番で配列する。下付きの文字は，主体と客体の深層格，事態と補助事態の種類を示す。

- 97 -

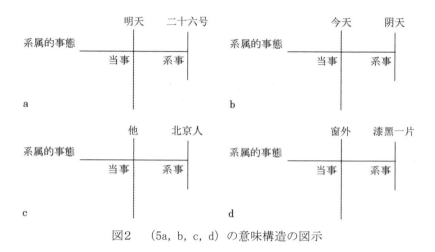

図2　(5a, b, c, d) の意味構造の図示

4　形容詞性主述句
4.1　形容詞性主述句の深層格

以下の(6)に挙げる動詞は，林・王・孫（編）(1994: 23-34)では，一項内動詞と呼ばれている。

(6) 崩溃（崩壊する），波动（変動する），成熟（熟す），迟到（遅刻する），
出现（現れる），倒（倒れる），沸腾（沸騰する），及格（合格する），
破产（倒産する），失败（失敗する），死亡（死亡する），耸立（そびえ立つ），
消失（消える），肿（はれる），作废（無効になる）

一項内動詞を述語の中核とする一項動詞性主述句

　　　　｛_主語_語句｝｛_述語_動詞性語句｝

では，述語は，(3a)の「（堤防が）崩壊する」のような，一項内動詞的事態を表している。一項内動詞的事態は，非自発的でその影響が直接客体に及ばないので，成立に必須の実体は，1つしかなく，当事の役割を担う主体となっている。

　　　　当事＝非自発的な動作，行為，状態の主体

形容詞性主述句

　　　　｛_主語_語句｝｛_述語_形容詞性語句｝

では，形容詞を中核とする述語は，形容詞的事態を表している。形容詞的事態は，(2)の「（石が）重い」，「（体が）健康だ」，「（仕事が）こつこつとまじめだ」，「（電車に乗ることが）安全だ」，「（人が）多い」，「（子供が）聡明だ」，「（自動車に乗ることが）便利だ」のようなものであり，「非自発的である」，「事態の影響が直接客体に及ばない」，「成立に必須の実体が主体のみである」などの特徴を持ち，一項

内動詞的事態と類似していると考えられる。したがって，形容詞性主述句では，形容詞的事態の主体が担う役割（主体の深層格）は，当事と見なすことができる。

4.2 形容詞性主述句の意味構造と図示

形容詞性主述句
　　　　{_{主語}語句}{_{述語}形容詞性語句}
では，主語のさす実体が主体となり，形容詞を中核とする述語の表すことが形容詞的事態となっており，主体の深層格は当事である。つまり，形容詞性主述句は，

　　　　^{当事}主体－$_{形容詞的}$事態

という意味構造を持っている。この意味構造は，図3のように図示することができる。

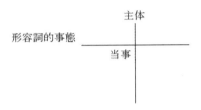

図3　形容詞性主述句の意味構造の図示

図3では，水平線が形容詞的事態を示し，垂直線が主体を示し，交点のところに書いた"当事"が主体の深層格「当事」を示している。

具体例 (7)＝(2)の a，b の意味構造の図示は，図4のようになる。

(7) a　石头 ‖ 重
　　　　石　　重い　　（石が重い）

　　b　身体 ‖ 健康
　　　　体　　健康だ　（体が健康だ）

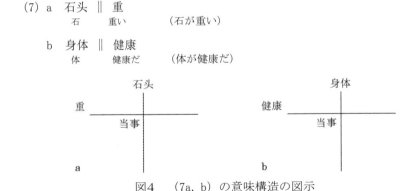

図4　(7a, b) の意味構造の図示

4.3 形容詞性主述句と連用修飾語

形容詞性主述句の基本的な形式は
　　　　{_{主語}語句}{_{述語}形容詞性語句}
であるが，述語は，しばしば連用修飾語によって修飾される。例えば，　(8)＝(2)の f，

gでは，副詞"很"と"最"が連用修飾語として述語の"聡明"と"方便"を修飾している[1]。こうした形容詞性主述句は，

{_主語_語句}{{_連用修飾語_語句}{_述語_形容詞性語句}}

という形式をしており，例は

{_主語_这个小孩}{{_連用修飾語_很}{_述語_聡明}}
{_主語_搭汽车}{{_連用修飾語_最}{_述語_方便}}

の形になっている。

(8) a 这个 小孩 ‖ [很] 聡明
　　　この 子供　　とても 聡明だ　　（この子はとても聡明だ）

　　b 搭 汽车 ‖ [最] 方便
　　　乗る 自動車　最も 便利だ　　（バスに乗るのが最も便利だ）

(8)の"很"と"最"が表すのは，1つのまとまりとして認識されている事態や主体，客体ではなく，事態の程度を限定する働きをする補助事態である。(8)の形容詞性主述句は，

　_当事_主体－_形容詞的_事態－_程度_補助事態

という意味構造

　_当事_这个小孩－_形容詞的_聡明－_程度_很
　_当事_搭汽车－_形容詞的_方便－_程度_最

を持っている。その図示は，図5のようになる。

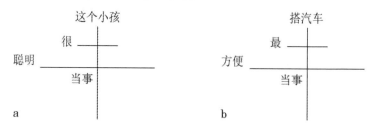

図5　(8a, b)の意味構造の図示

図5では，短い水平線が補助事態を示している。短い水平線と長い水平線との上下の順序は，連用修飾語と述語との語順に従っている。

5　一項動詞性主述句
5.1　一項動詞性主述句の深層格

(3)の動詞性主述句には，述語部分で述語のみを含むもの（3a, b）と，述語部分で述語以外に目的語または補語を含むもの（3c, d, e, f, g, h, i, j）がある。後者では，

---

1 以下，"[　]"で連用修飾語を示す。

DV論文　中国語の句の意味構造　第2章　主述句

述語が目的語または補語とともに述目句または述補句を構成してから，主語がその述目句または述補句とともに動詞性主述句を構成している。本章では，前者の動詞性主述句を論じ，後者の動詞性主述句については，第3章「述目句」と第4章「結果述補句」に譲る。

　述語部分で述語のみを含む動詞性主述句は，

　　　　　{_{主語}語句}{_{述語}動詞性語句}

という形式になっている。こうした動詞性主述句の述語の中核となる動詞は，　(9)に挙げるような一項動詞である。

(9) a 崩潰（崩壊する），波動（変動する），成熟（熟す），迟到（遅刻する），
　　　　出現（現れる），倒（倒れる），沸騰（沸騰する），及格（合格する），
　　　　破产（倒産する），失败（失敗する），死亡（死亡する），耸立（そびえ立つ），
　　　　消失（消える），肿（はれる），作废（無効になる）
　　 b 奔跑（走る），出发（出発する），后退（退く），劳动（労働する），
　　　　疗养（療養する），旅游（旅行する），起来（起きる），前进（前進する），
　　　　散步（散歩する），逃跑（逃走する），外出（外出する），洗澡（入浴する），
　　　　演讲（講演する），游行（行進する），自杀（自殺する）

　(9a)＝(6)再掲は，4.1節で述べたように，林・王・孫（編）(1994: 23-34) で一項内動詞と呼ばれており，(9b)は，同書で一項自動詞と呼ばれている。

　一項内動詞を述語の中核とする一項動詞性主述句

　　　　　{_{主語}語句}{_{述語}動詞性語句}

では，述語は，(3a)の「（堤防が）崩壊する」のような，一項内動詞的事態を表している。一項内動詞的事態は，非自発的でその影響が直接客体に及ばず，成立に必須の実体は，1つしかなく，当事の役割を担う主体となっている。

　　　　当事＝非自発的な動作，行為，状態の主体

　一項自動詞を述語の中核とする一項動詞性主述句

　　　　　{_{主語}語句}{_{述語}動詞性語句}

では，述語は，(3b)の「（人々が）走る」のような，一項自動詞的事態を表している。一項自動詞的事態は，自発的でその影響が直接客体に及ばず，成立に必須の実体は，1つしかなく，施事の役割を担う主体となっている。

　　　　施事＝自発的な動作，行為，状態の主体

　つまり，一項内動詞または一項自動詞を述語の中核とする一項動詞性主述句

　　　　　{_{主語}語句}{_{述語}動詞性語句}　　　（述語部分で述語のみを含む動詞性主述句）

では，主体が担う役割（主体の深層格）は，当事または施事であると考えられる。

－ 101 －

5.2 一項動詞性主述句の意味構造と図示

一項動詞性主述句

{主語語句}{述語動詞性語句}

では，主語のさす実体が主体となり，一項内動詞または一項自動詞を中核とする述語の表すことが一項内動詞的事態または一項自動詞的事態となっている。主体の深層格は，当事または施事である。つまり，一項動詞性主述句は，

　　　当事主体－一項内動詞的事態
または　施事主体－一項自動詞的事態

という意味構造を持っている。これは，それぞれ図6aと図6bのように，図示できる。

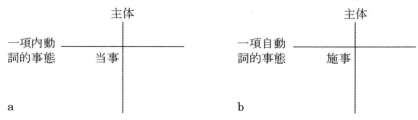

図6　一項動詞性主述句の意味構造の図示

図6では，水平線が一項内動詞的事態または一項自動詞的事態を示し，垂直線が主体を示し，交点のところに書いた"当事"と"施事"がそれぞれ主体の深層格「当事」と「施事」を示している。

具体例（10a）と（10b）の意味構造は，それぞれ次のようになっている。

　　　当事大堤－一項内動詞的崩潰
　　　施事人们－一項自動詞的奔跑

図示は，図7のようになる。

(10) a　大堤 ‖ 崩潰
　　　　　堤防　崩壊する　　（堤防が崩壊する）

　　 b　人们 ‖ 奔跑
　　　　　人々　走る　　（人々が走る）

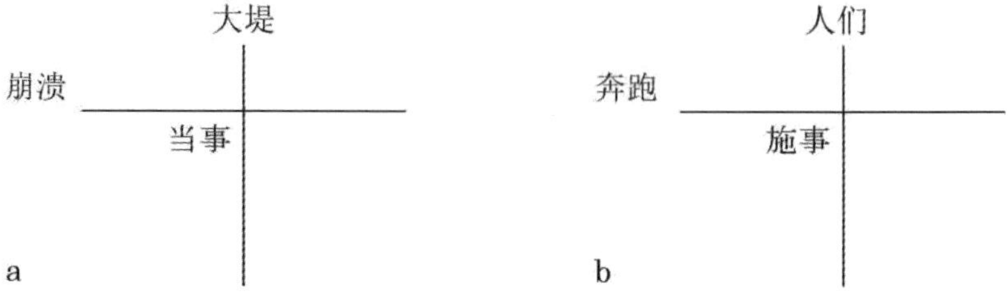

図7　(10a, b) の意味構造の図示

5.3 一項動詞性主述句と付加成分

一項動詞性主述句では,一項内動詞または一項自動詞の直後に助詞"了"(…した),"着"(…している),"过"(…したことがある)が来ることが多い。"了","着","过"は,動詞とともに何らかの句を構成するのではなく,動詞の付加成分であり,開始,進行,完了,結果状態継続,結果記憶など,アスペクト的な意味(事態の時間的局面)を表している。

例えば,(11a)=(3a)の"了"と(11b)=(3b)の"着"は,一般に,それぞれ完了と進行を表していると考えられる。

(11) a 大堤 ‖ 崩溃 了
 　　　堤防　　崩壊する　た　　(堤防が崩壊した)
 　　b 人们 ‖ 奔跑 着
 　　　人々　　走る　　ている　(人々が走っている)

(11)の一項動詞性主述句の形式は,次のように表示することができる。

　　{主語語句}{述語動詞性語句+助詞}

　　{主語大堤}{述語崩溃+了}
　　{主語人们}{述語奔跑+着}

意味構造では,"了","着","过"が表すのは,1つのまとまりとして認識されている事態や主体,客体ではなく,事態の時間的局面を指示する働きをする補助事態である。つまり,(11)の一項動詞性主述句は,

　　当事主体−一項内動詞的事態−時間的局面補助事態
　　施事主体−一項自動詞的事態−時間的局面補助事態

という意味構造を持っている。

　　当事大堤−一項内動詞的崩溃−時間的局面了
　　施事人们−一項自動詞的奔跑−時間的局面着

その図示は,図8のようになる。

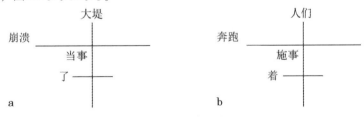

図8　(11a, b)の意味構造の図示

図8では,短い水平線が"了"や"着"の表す補助事態を示している。長い水平線と短い水平線との上下の順序は,述語動詞と付加成分との語順に従っている。

5.4 一項動詞性主述句と連用修飾語

一項動詞性主述句

{_主語語句}{_述語動詞性語句}

では，述語を連用修飾語で修飾することができる。例えば，（12）である。

(12) a 敵人 ‖ ［彻底］ 失败
　　　　敵　　徹底的に　負ける　　　　　（敵が徹底的に負ける）

　　　b 小 蓉 ‖ ［在 乡下］ 劳动
　　　　さん 蓉　　で 農村　労働する　　（蓉さんが農村で労働する）

（12a）の"彻底"は，形容詞であるが，連用修飾語として述語の"失败"を修飾している。（12a）の形式は，

{_主語語句}{{_連用修飾語語句}{_述語動詞性語句}}

{_主語敵人}{{_連用修飾語彻底}{_述語失败}}

と表示することができる。

意味構造では，"彻底"が表すのは，1つのまとまりとして認識されている事態や主体，客体ではなく，"失败"が表す一項内動詞的事態の程度を限定する働きをする補助事態である。

（12a）の意味構造は，

_当事主体－_一項内動詞的事態－_程度補助事態

_当事敵人－_一項内動詞的失败－_程度彻底

であると考えられる。

（12b）の"在乡下"は，連用修飾語として述語の"劳动"を修飾している。"在"は，前置詞であり，"乡下"は，名詞である。前置詞は，付加成分として語句の直前に置かれて当該語句のさす実体の深層格を示している。"在乡下"では，"在"は，"乡下"のさす実体の深層格「処所」を示している。

　　　処所＝事態の起こる場所，状況，及び経過域

（12b）の形式は，

{_主語語句}{{_連用修飾語前置詞+語句}{_述語動詞性語句}}

{_主語小蓉}{{_連用修飾語在+乡下}{_述語劳动}}

と表示することができる。

意味構造では，"乡下"がさすのは，1つのまとまりとして認識されている実体であり，"劳动"が表す一項自動詞的事態において当該実体が担う役割（実体の深層格）は，"在"が示しているように，処所である。"小蓉"がさすのも実体であるが，同じ一項自動詞的事態において当該実体が担う役割（実体の深層格）は，施事である。施事を付与される"小蓉"のさす実体は，処所を付与される"乡下"のさす実体より認識されや

すく，主体となっている。
　（12b）の意味構造は，

$$_{施事}主体 -_{一項自動詞的}事態 -_{処所}客体$$
$$_{施事}小蓉 -_{一項自動詞的}劳动 -_{処所}乡下$$

であると考えられる。
　（12a）と（12b）の意味構造の図示は，図9のようになる。

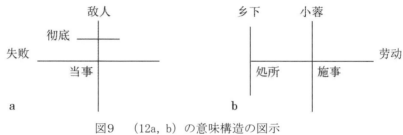

図9　（12a, b）の意味構造の図示

　図9aでは，短い水平線が"彻底"の表す補助事態を示している。図9bでは，左側の垂直線が"乡下"のさす客体を示し，接点のところに書いた"処所"が客体の深層格「処所」を示している。

6　まとめ

　中国語の主述句は，述語の品詞性によって，体言性主述句，形容詞性主述句，動詞性主述句に分かれる。本章は，体言性主述句，形容詞性主述句，一項動詞性主述句の意味構造，及びその図示を考察した。要点を表1にまとめておく（次ページ）。

日本語構造伝達文法・発展D

表1　主述句の意味構造，及びその図示

体言性主述句：{主語語句}｛述語体言性語句}
意味構造：当事主体－系属的事態－系事客体

図示

```
                        主体      客体
                         |        |
        系属的事態 ――――――|――――――|――――
                         |        |
                       当事     系事
                         |        |
```

形容詞性主述句：{主語語句}｛述語形容詞性語句}
意味構造：当事主体－形容詞的事態

図示

```
                        主体
                         |
        形容詞的事態 ――――――|――――――
                         |
                       当事
                         |
```

一項動詞性主述句：{主語語句}｛述語動詞性語句}

意味構造：当事主体－一項内動詞的事態	意味構造：施事主体－一項自動詞的事態
図示　　　　　　　　主体	図示　　　　　　　　主体

図示（左）

```
                        主体
                         |
   一項内動 ――――――――――――|――――――――――
   詞的事態               当事
                         |
```

図示（右）

```
                        主体
                         |
   一項自動 ――――――――――――|――――――――――
   詞的事態               施事
                         |
```

- 106 -

第3章

述目句

p.88の(4)

> 本章では，中国語の述目句について考察する。まずは，述目句の述語と目的語との意味関係，すなわち目的語のさす実体の深層格の多様性を論じる。次に，実体の深層格のあり方を示す格フレーム，及び格フレームの53タイプについて説明する。その上で，出現頻度の高い，或いは日本語に比べれば，特徴のある二項動詞の格フレームの6タイプを選んで，それらを持つ二項動詞が構成する二項動詞性主述句，及びそれに含まれる述目句の意味構造を分析する。

1 述目句とは

"述宾短语"，すなわち述目句は，(1)に示すように，複数の語句が述語と目的語の関係で結合して構成される句である[1]。一般に，述目句の述語は，動詞性語句である。

(1) a 洗　衣服
　　　洗う　服　　　　　（服を洗う）

　　b 画　人像
　　　描く　肖像　　　　（肖像を描く）

　　c 去　学校
　　　行く　学校　　　　（学校へ行く）

　　d 抽　烟斗
　　　吸う　パイプ　　　（パイプでタバコを吸う）

1　以下，"＿＿＿"で述語を示し，"〰〰〰"で目的語を示す。

日本語構造伝達文法・発展D

　　　e 下　大雪
　　　　　降る　大雪　　　　　（大雪が降る）

　　　f 是　学生
　　　　　だ　学生　　　　　　（学生だ）

　　　g 教　我　外语
　　　　　教える　私　外国語　　（私に外国語を教える）

2　述語と目的語との意味関係

　　述目句の述語と目的語は，多種多様な意味関係にある。例えば，（1）では，
a の"衣服"は"洗"の表す動作の「受事」である。

　　　　受事＝自発的な動作，行為に関わる客体

b の"人像"は"画"の表す動作の「結果」である。

　　　　結果＝生じたり，引き起こしたり，達成したりした結果

c の"学校"は"去"の表す動作の「処所」である。

　　　　処所＝事態の起こる場所，状況，及び経過域

d の"烟斗"は"抽"の表す動作の「工具」である。

　　　　工具＝使われる道具

e の"大雪"は"下"の表す動作の「施事」である。

　　　　施事＝自発的な動作，行為，状態の主体

f の"学生"は"是"の表す状態の「系事」である。

　　　　系事＝主体の類別，身分，役割

g の"我"（間接目的語）と"外语"（直接目的語）は"教"動作の「与事」と「受事」である。

　　　　与事＝利害関係にある客体

　　述目句の述語と目的語との意味関係には，以上のほかに，「方式」，「目的」，「時間」などもある。例えば，（2）では，
a の"仿宋体"は"写"の「方式」である。

　　　　方式＝使われる方法，形式

b の"博士"は"考"の「目的」である。

　　　　目的＝達成しようとする目標

c の"春节"は"过"の「時間」である。

　　　　時間＝事態の起こる時点，或いは継続する期間

　　（2）a 写　仿宋体
　　　　　　書く　宋朝体　　　　　（宋朝体で書く）

　　　　b 考　博士
　　　　　　受験する　博士後期課程　（博士後期課程を受験する）

　　　　c 过　春节
　　　　　　過ごす　春節　　　　　（春節を過ごす）

－ 108 －

DV論文　中国語の句の意味構造　第3章　述目句

3　格フレーム

　こうした述語と目的語との意味関係は，述語の表す事態において目的語のさす実体が担う役割，すなわち実体の深層格のことである。実体の深層格は，多種多様であるが，恣意的ではなく，述語の中核となる動詞の格フレームによって決定されている。本節では，格フレームについて論じる。

3.1　必須の実体と必須格

　述語の表す事態の成立に必須の実体と非必須の実体がある。例えば，(3)[1]では，"洗"の表す事態の成立に必須の実体"我"や"被罩"などと，非必須の実体"明天"や"河边"などがあると考えられる。表1を参照されたい。

(3) a 　我 ‖ ［明天］　洗　被罩
　　　　私　　　明日　　洗う　布団カバー　　（私は明日，布団カバーを洗う）

　　b 　几个　妇女 ‖ ［在　河边］　洗　东西
　　　　いくつ　女性　　　で　川　ほとり　洗う　物
　　　　　　　　　　　　　　　　　　（数人の女性が川のほとりで物を洗う）

　　c 　她 ‖ ［用　搓衣板］　洗〈完　了〉衣服
　　　　彼女　　　で　洗濯板　　洗う　終わる　た　衣服
　　　　　　　　　　　　　　　（彼女は洗濯板で衣服を洗い終わった）

　　d 　我 ‖ ［明天］［在　河边］［用　搓衣板］　洗　衣服
　　　　私　　　明日　　で　川　ほとり　で　洗濯板　洗う　衣服
　　　　　　　　　　　　（私は明日，川のほとりで洗濯板で衣服を洗う）

表1　　(3)における必須・非必須の実体

	必須の実体	非必須の実体
(3a)	我，被罩	明天
(3b)	几个妇女，东西	河边
(3c)	她，衣服	搓衣板
(3d)	我，衣服	明天，河边，搓衣板

　このような事態の成立に必須の実体の深層格は必須格であり，非必須の実体の深層格は任意格である。

　必須格と任意格にも様々な種類がある。(3) では，

　必須格には，"我"，"几个妇女"，"她"の　深層格「施事」と，"被罩"，"东西"，"衣服"の　深層格「受事」がある。

　任意格には，"明天"の　深層格「時間」，"河边"の　深層格「処所」，"搓衣板"の深層格「工具」がある。表2を参照されたい。

1　以下，"〈　　〉"で補語を示す。

施事＝自発的な動作，行為，状態の主体
受事＝自発的な動作，行為に関わる客体
時間＝事態の起こる時点，或いは継続する期間
処所＝事態の起こる場所，状況，及び経過域
工具＝使われる道具

表2　(3)における必須格と任意格

	必須格		任意格		
	施事	受事	時間	処所	工具
(3a)	我	被罩	明天		
(3b)	几个妇女	东西		河边	
(3c)	她	衣服			搓衣板
(3d)	我	衣服	明天	河边	搓衣板

3.2　格フレームと格フレームのタイプ

　(3)の動詞"洗"と必須格「施事」，「受事」は，次のような"格框架"（格フレーム）を構成している。

　　　　　施事＋洗＋受事

　すべての動詞が格フレームを持っているが，動詞の性質，並びに必須格の種類及び数によって，それらの格フレームは，いくつかのタイプに分類することができる。

　例えば，　(4a)の"打"は　　"施事＋打＋受事"　という格フレームを持ち，
　　　　　　(4b)の"踢"は　　"施事＋踢＋受事"　という格フレームを持つ。

(4) a　哥哥 ‖ 打　弟弟
　　　　　兄　　殴る　弟　　　　　　　（兄が弟を殴る）

　　b　运动员 ‖ 踢　球
　　　　スポーツ選手　蹴る　ボール　　（スポーツ選手がボールを蹴る）

　しかし，"洗"，"打"，"踢"の性質（自発的であることなど），必須格の種類（施事と受事），必須格の数（2つ）が同じであると考えられるので，上の格フレーム"施事＋洗＋受事"，"施事＋打＋受事"，"施事＋踢＋受事"　は，
　　　　　施事＋V＋受事　（V＝自発的な事態を表す二項動詞。事態の影響が直接客体に及ぶ）
というような格フレームのタイプに分類することができる。

　格フレームのタイプは，数多くある。《（人机通用）现代汉语动词大词典》（林・王・孫（編）1994）は，2000余りの動詞の深層格を詳細に記述した上で，それらの格フレームを53タイプに分類している。

　以下において，林・王・孫（編）（1994: 23-34）に基づいて格フレームの53タイプ（＜1＞～＜53＞）を説明する。

ＤＶ論文　中国語の句の意味構造　第3章　述目句

一、　一項動詞の格フレーム

　　1. 一項自動詞の格フレーム

　　　一項自動詞:自発的な事態を表す一項動詞（事態の影響が直接客体に及ばない）

　　　　　＜1＞施事＋V

　　　　　　　例:人们 奔跑
　　　　　　　　　人々　走る　　　　　　　（人々が走る）

　　2. 一項内動詞の格フレーム

　　　一項内動詞:非自発的な事態を表す一項動詞（事態の影響が直接客体に及ばない）

　　　　　＜2＞当事＋V

　　　　　　　例:女孩 害羞
　　　　　　　　　女の子 恥ずかしがる　　（女の子が恥ずかしがる）

二、　二項動詞の格フレーム

　　3. 二項他動詞の格フレーム

　　　二項他動詞:自発的な事態を表す二項動詞（事態の影響が直接客体に及ぶ）

　　　　　＜3＞施事＋V＋受事

　　　　　　　例:电工 安装 空调
　　　　　　　電気工事士 取りつける エアコン　　（電気工事士がエアコンを取りつける）

　　　　　＜4＞施事＋V＋結果

　　　　　　　例:爱迪生 发明 电灯
　　　　　　　エジソン 発明する 白熱電球　　（エジソンが白熱電球を発明する）

　　　　　＜5＞施事＋V＋受事または系事

　　　　　　　例:演员 演 喜剧
　　　　　　　俳優 演じる 喜劇　　　　　　（俳優が喜劇を演じる）

　　　　　　　例:演员 演 主角
　　　　　　　俳優 演じる 主役　　　　　　（俳優が主役を演じる）

　　　　　＜6＞施事＋V＋受事または工具

　　　　　　　例:顾客 照 脸
　　　　　　　お客 映す 顔　　　　　　　　（お客が顔を映す）

　　　　　　　例:顾客 照 镜子
　　　　　　　お客 映す 鏡　　　　　　　　（お客が鏡に映す）

　　　　　＜7＞施事＋V＋処所または受事

　　　　　　　例:学生 填 履历表
　　　　　　　学生 記入する 履歴書　　　　（学生が履歴書に記入する）

　　　　　　　例:学生 填 姓名
　　　　　　　学生 記入する 氏名　　　　　（学生が氏名を記入する）

日本語構造伝達文法・発展D

<8>施事＋V＋受事または方向
例:小伙子 望 対方
　　若者　眺める 相手　　　　　（若者が相手を眺める）
例:小伙子 望 外面
　　若者　眺める 外　　　　　（若者が外を眺める）
<9>施事＋V＋受事または範囲
例:售货员 量 布
　　店員　測る 布　　　　　（店員が布を測る）
例:售货员 量 胸围
　　店員　測る バスト　　　　　（店員がバストを測る）
<10>施事＋V＋受事または結果
例:工人 挖 土
　　労働者 掘る 土　　　　　（労働者が土を掘る）
例:工人 挖 坑
　　労働者 掘る 穴　　　　　（労働者が穴を掘る）
<11>施事＋V＋受事または処所
例:战士 堵 水
　　兵士　遮る 水　　　　　（兵士が水を遮る）
例:战士 堵 窟窿
　　兵士　塞ぐ 穴　　　　　（兵士が穴を塞ぐ）
<12>施事＋V＋受事または目的
例:工人 淘 大米
　　労働者 選り分ける 米　　　　　（労働者が米を選り分ける）
例:工人 淘 金
　　労働者 選り分ける 金　　　　　（労働者が金を選り分ける）
<13>施事＋V＋受事または与事
例:老师 指导 论文
　　先生　指導する 論文　　　　　（先生が論文を指導する）
例:老师 指导 学生
　　先生　指導する 学生　　　　　（先生が学生を指導する）

4. 二項自動詞の格フレーム

　二項自動詞:自発的な事態を表す二項動詞（事態の影響が直接客体に及ばない）
<14>施事＋V＋同事
例:哥哥 联络 朋友
　　兄　連絡する 友達　　　　　（兄が友達に連絡する）
<15>施事＋V＋原因
例:老太太 愁 路费
　　おばあさん 心配する 旅費　　　　　（おばあさんが旅費を心配する）

- 112 -

DV論文　中国語の句の意味構造　第3章　述目句

<16>施事＋V＋与事

　　例:乗务员 服务 顾客

　　　　乗務員 サービスする お客　　（乗務員がお客にサービスする）

<17>施事＋V＋系事

　　例:他 担任 指挥

　　　　彼 務める コンダクター　　（彼がコンダクターを務める）

<18>施事＋V＋目的

　　例:青年 追求 知识

　　　　青年 追求する 知識　　（青年が知識を追求する）

<19>施事＋V＋依拠

　　例:工厂 遵照 指示

　　　　工場　従う　指示　　（工場が指示に従う）

<20>施事＋工具＋V

　　例:司机 拿 汽车 撒气　　　［"拿"は, 前置詞］

　　　　運転手 で 車 八つ当たりする　（運転手が車に八つ当たりする）

<21>施事＋V＋工具

　　例:孩子 玩儿 游戏机

　　　　子供 娯楽活動をする ゲーム機　　（子供がゲームをする）

<22>施事＋V＋時間

　　例:学生 熬 夜

　　　　学生 辛抱する 夜　　（学生が徹夜する）

<23>施事＋V＋方式

　　例:弟弟 打 零工

　　　　弟 従事する アルバイト　　（弟がアルバイトをする）

<24>施事＋V＋範囲

　　例:她 比 颜色

　　　　彼女 比べる 色　　（彼女が色を比べる）

<25>施事＋V＋処所

　　例:游客 登 长城

　　　　観光客 登る 万里の長城　　（観光客が万里の長城に登る）

<26>施事＋V＋処所または時間

　　例:队伍 过 河

　　　　部隊 渡る 川　　（部隊が川を渡る）

　　例:队伍 过 春节

　　　　部隊 過ごす 春節　　（部隊が春節を過ごす）

<27>処所＋V＋施事

　　例:门后 闪 出 一个人　　［"出"は, 方向補語として働く動詞］

　　　ドアの陰 突然現れる 出る 1人　（ドアの陰から人が突然現れる）

－ 113 －

日本語構造伝達文法・発展D

5. 二項外動詞の格フレーム

二項外動詞:非自発的な事態を表す二項動詞 (事態の影響が直接客体に及ぶ)

<28>当事＋V＋受事

例:课程 包括 选修课
カリキュラム 含む 選択科目　　（カリキュラムに選択科目が含まれる）

<29>当事＋V＋結果

例:他俩 产生 分歧
彼ら2人 生じる 食い違い　　（彼ら2人の間に食い違いが生じる）

<30>当事＋V＋客事

例:孩子 害怕 猫
子供 怖がる 猫　　　（子供が猫を怖がる）

<31>当事＋V＋客事または処所

例:伤 着 水
傷 触れる 水　　　　（傷が水に触れる）

例:脚 着 地
足 着く 地面　　　　（足が地面に着く）

<32>処所＋V＋客事

例:会议室 容纳 二百人
会議室 収容する 200人　（会議室が200人を収容する）

6. 二項内動詞の格フレーム

二項内動詞:非自発的な事態を表す二項動詞 (事態の影響が直接客体に及ばない)

<33>当事＋V＋範囲

例:画家 擅长 山水画
画家 優れる 山水画　　（画家が山水画に優れる）

<34>当事＋V＋工具

例:狗 挨 鞭子
犬 こうむる 鞭　　　（犬が鞭で打たれる）

<35>当事＋V＋数量

例:收入 翻 一倍
収入 倍増する 1倍　　（収入が倍になる）

<36>当事＋V＋処所

例:黄河 发源 于 青海　 ［"于"は前置詞］
黄河 源を発する に 青海　（黄河が青海に源を発する）

<37>処所＋V＋当事

例:玉米地 闹 蝗虫
トウモロコシ畑 発生する イナゴ　（トウモロコシ畑でイナゴが発生する）

- 114 -

DV論文　中国語の句の意味構造　第3章　述目句

　　＜38＞時間または処所＋Ｖ＋当事
　　　　　例：唐朝　有　诗人
　　　　　　　唐代　ある　詩人　　　（唐代に詩人がいる）
　　　　　例：院子　有　树
　　　　　　　中庭　ある　木　　　　（中庭に木がある）

7. 二項領属動詞の格フレーム
　　二項領属動詞:所有関係を表す二項動詞
　　　　＜39＞領事＋Ｖ＋客事
　　　　　　例：物体　具有　重量
　　　　　　　　物体　持つ　重さ　　　（物体が重さを持つ）
　　　　＜40＞領事＋Ｖ＋分事
　　　　　　例：小说　富有　戏剧性
　　　　　　　　小説　富む　ドラマ性　　　（小説がドラマ性に富む）
　　　　＜41＞領事＋Ｖ＋客事または分事
　　　　　　例：儿子　有　玩具
　　　　　　　　息子　持つ　玩具　　　（息子が玩具を持つ）
　　　　　　例：蜻蜓　有　翅膀
　　　　　　　　トンボ　持つ　羽　　　（トンボが羽を持つ）
　　　　＜42＞客事＋Ｖ＋領事
　　　　　　例：财产　属于　大家
　　　　　　　　財産　属する　みんな　　（財産がみんなのものだ）
　　　　＜43＞分事＋Ｖ＋領事
　　　　　　例：通县　属　北京市
　　　　　　　　通県　属する　北京市　　　（通県が北京市に属する）

8. 二項系属動詞の格フレーム
　　二項系属動詞:繫辞にあたる二項動詞
　　　　＜44＞当事＋Ｖ＋客事
　　　　　　例：他　是　教师
　　　　　　　　彼　だ　教員　　　（彼が教員だ）
　　　　＜45＞当事＋Ｖ＋系事
　　　　　　例：红色　代表　危险
　　　　　　　　赤　示す　危険　　　（赤が危険を示す）

－ 115 －

日本語構造伝達文法・発展D

三、三項動詞の格フレーム

9. 三項他動詞の格フレーム

三項他動詞:自発的な事態を表す三項動詞 (事態の影響が直接客体に及ぶ)

<46>施事＋V＋与事＋受事

例:女儿 告诉 妈妈 一个秘密
娘　告げる 母親　1つの秘密　(娘が母親に秘密を告げる)

<47>施事＋V＋受事＋与事

例:医生 转交 包裹 给 病人　["给"は前置詞]
医者 取り次いで渡す 小包 に　患者　(医者が小包を患者に渡す)

<48>施事＋与事＋V＋受事

例:我 给 他 介绍 对象　["给"は前置詞]
私 に 彼 紹介する 結婚相手　(私が彼に結婚相手を紹介する)

<49>施事＋V＋受事＋系事

例:大家 称 熊猫 国宝
みんな 言う パンダ 国宝　(みんながパンダを国宝と言う)

<50>施事＋V＋受事＋範囲

例:警察 盘问 行人 经过
警察 尋ねる 通行人 経緯　(警察が通行人に経緯を尋ねる)

<51>施事＋受事＋V＋材料または工具

例:厨师 把 鸡 过 油　["把"は前置詞]
コック を 鶏 ある処理を経る 油　(コックが鶏を油通しする)

例:粮库 把 高粱 过 秤　["把"は前置詞]
食糧倉庫 を コーリャン 処理を経る はかり　(食糧倉庫の従業員がコーリャンをはかりにかける)

<52>施事＋V＋与事＋結果

例:厂长 安 小张 一个罪名
工場長 着せる 張さん 1つの罪名　(工場長が張さんに罪を着せる)

<53>施事＋同事＋V＋結果

例:张三 跟 局长 攀 亲戚　["跟"は前置詞]
張三 と 局長 婚姻や親戚関係を結ぶ 親戚　(張三が局長と親戚関係を結ぶ)

上述した格フレームの53タイプのうち,

<5> 施事＋V＋受事または系事 (V＝二項他動詞)

<26>施事＋V＋処所または時間 (V＝二項自動詞)

<31>当事＋V＋客事または処所 (V＝二項外動詞)

<38>時間または処所＋V＋当事 (V＝二項内動詞)

<41>領事＋V＋客事または分事 (V＝二項領属動詞)

<51>施事＋受事＋V＋材料または工具 (V＝三項他動詞)

－ 116 －

DV論文　中国語の句の意味構造　第3章　述目句

などの14タイプは，その必須格のあり方に2通りの可能性がある。ここでは，

　　　　　　＜5＞施事＋V＋受事または系事（V＝二項他動詞）

を例として，説明する。

　“演”は，＜5＞を持つ動詞であるが，（5）が示すように，その必須格は，施事と受事である場合と，施事と系事である場合がある。

　　　　　系事＝主体の類別，身分，役割

(5) a　演員 ‖ 演　喜劇
　　　　俳優　　演じる 喜劇　　（俳優が喜劇を演じる）
　　　　施事　　　　*受事*　　*必須格*

　　b　演員 ‖ 演　主角
　　　　俳優　　演じる 主役　　（俳優が主役を演じる）
　　　　施事　　　　*系事*　　*必須格*

　“演”は，必須格が施事と受事である場合，劇，映画などの芸能を行うことを表しているが（5a），必須格が施事と系事である場合，劇，映画などで役を務めることを表している（5b）。

　ただし，辞書では，「劇，映画などの芸能を行うこと」と，「劇，映画などで役を務めること」が“演”の同じ“义项”（見出しの下に意味によって配列した項目。意味の区分。）にまとめられることが多い。例えば，大型の《汉语大词典（第六卷）》では，“演”のこの“义项”は，

　“表演技艺，或在戏剧、电影中扮演角色”（芸を演じる。或いは，劇，映画で役を務める。）と記述されている。中型の《古今汉语词典》，《现代汉语规范词典（第3版）》，《现代汉语词典（第6版）》では，それぞれ次のように記述されている。

　“当众显示技艺，扮演”（みんなの前で芸を披露する。扮する。）

　“表演；扮演”（〈芸を〉演じる。扮する。）

　“表演技艺；扮演”（芸を演じる。扮する。）

　《（人机通用）现代汉语动词大词典》においても，劇，映画などの芸能を行うことを表し，必須格が施事と受事である“演”と，劇，映画などで役を務めることを表し，必須格が施事と系事である“演”とは，同じ“义项”にあるとされ，その格フレームは，“施事＋演＋受事または系事”と表示されている。

　このように，“演”のような動詞の格フレームは，

　　　　　　＜5＞施事＋V＋受事または系事（V＝二項他動詞）

というタイプに分類されることになった。

　ちなみに，格フレームのタイプは，動詞の性質，並びに必須格の種類及び数を示してくれる一方，その配列が当該格フレームのタイプを持つ動詞と必須格を付与され

－ 117 －

日本語構造伝達文法・発展D

る語句とが構成する基本語順[1]の句の配列と一致している。例えば,

<25>施事＋V＋処所（V＝二項自動詞）

の配列は,（6）のように,<25>を持つ動詞"登",施事を付与される語句"游客",処所を付与される語句"长城"が構成する基本語順の句の配列と一致している。

処所＝事態の起こる場所,状況,及び経過域

（6）<25>施事＋V＋処所（V＝二項自動詞）
　　　　　　↓　　↓　　　↓

游客 ‖ 登　长城
観光客　　登る　万里の長城　　　　（観光客が万里の長城に登る）

4　二項動詞性主述句の意味構造

　<20>を除く[2],<3〜19,21〜45>を持つ二項動詞は目的語としての語句とともに

{述語動詞性語句}{目的語語句}

という形式の述目句を構成している。この述目句はさらに主語としての語句とともに

{主語語句}{{述語動詞性語句}{目的語語句}}

という形式の二項動詞性主述句を構成している。

　こうした二項動詞性主述句は,<3〜19,21〜45>を持つ二項動詞が構成する基本語順の句であり,主語と目的語のさす実体の深層格は<3〜19,21〜45>の配列で分かる。

　本章の目的は,述目句の意味構造を分析することであるが,まずは述目句を含む二項動詞性主述句を分析することにする。二項動詞性主述句の意味構造が分かれば,述目句の意味構造も分かるようになる。

　紙幅の関係で,ここでは,<3〜19,21〜45>から次の6タイプを選んで,それら

1　ここで言う基本語順とは,動詞と必須格を付与される語句とが構成する句の最も自然な語順のことである。例えば,（6）の動詞"登",施事を付与される語句"游客",処所を付与される語句"长城"が構成する句には,3通りの語順があり得る。
　　① "游客観光客 登る 了た 长城万里の長城"（観光客が万里の長城に登った）
　　② "游客観光客 长城万里の長城 登る 了た"（観光客,万里の長城には登った）
　　③ "长城万里の長城 游客観光客 登る 了た"（万里の長城,観光客は登った）
　このうち①が最も自然な語順であり,これがすなわち基本語順である。
　　① "游客観光客 登登る 了た 长城万里の長城"

2　<20>を持つ二項動詞には,例えば,"撒气"（八つ当たりする）がある。
　　　　司机 ‖ ［拿 汽车］撒气
　　　　運転手　　で　車　八つ当たりする　　（運転手が車に八つ当たりする）
　この<20>の二項動詞は,次の形式の動詞性主述句を構成するが,目的語がないので,述目句は構成しない。
　　{主語語句}{{連用修飾語前置詞+語句}{述語動詞性語句}}
　　{主語司机}{{連用修飾語拿+汽车}　{述語撒气}}

- 118 -

DV論文　中国語の句の意味構造　第3章　述目句

を持つ二項動詞が構成する二項動詞性主述句の意味構造を分析する。

　この6タイプは，林・王・孫（編）（1994）の《（人机通用）現代汉语动词大词典》，孟・鄭・孟・蔡（1999）の《汉语动词用法词典》，及び筆者の考察から，出現頻度の高い，或いは日本語との対比において，特徴のあるものであると考えられる。

<3>　施事＋V＋受事　（V＝二項他動詞）

<4>　施事＋V＋結果　（V＝二項他動詞）

<21>施事＋V＋工具　（V＝二項自動詞）

<23>施事＋V＋方式　（V＝二項自動詞）

<30>当事＋V＋客事　（V＝二項外動詞）

<37>処所＋V＋当事　（V＝二項内動詞）

施事＝自発的な動作，行為，状態の主体

受事＝自発的な動作，行為に関わる客体

結果＝生じたり，引き起こしたり，達成したりした結果

工具＝使われる道具

方式＝使われる方法，形式

当事＝非自発的な動作，行為，状態の主体

客事＝非自発的な動作に関わる客体

処所＝事態の起こる場所，状況，及び経過域

4.1　<3>施事＋V＋受事　（V＝二項他動詞）

　　　　<3>施事＋V＋受事　（V＝二項他動詞）

を持つのは，以下のような二項他動詞である。

(7)　"安装"（取りつける），"穿"（着る），"打"（殴る），"卖"（売る），
　　　"扔"（捨てる），"踢"（蹴る），"洗"（洗う），"修理"（修理する），
　　　"掩盖"（覆う），"阅读"（読む）

　このような二項他動詞が構成する二項動詞性主述句

　　　　{ $_{主語}$ 語句}{{ $_{述語}$ 動詞性語句}{ $_{目的語}$ 語句}}

では，主語のさす実体が主体となり，目的語のさす実体が客体となり，二項他動詞を中核とする述語の表すことが二項他動詞的事態となっている。二項他動詞的事態は，自発的でその影響が直接客体に及ぶものである。

　主体と客体の深層格は，<3>の配列で分かるように，それぞれ施事と受事である。<3>を持つ二項動詞が構成する二項動詞性主述句は，

　　　　 $_{施事}$ 主体－ $_{二項他動詞的}$ 事態－ $_{受事}$ 客体

という意味構造を持っている。

－ 119 －

この意味構造の図示は，図1のようになる。

図1　格フレーム＜3＞を持つ二項動詞が構成
する二項動詞性主述句の意味構造の図示

　図1では，水平線が二項他動詞的事態を示し，中央の垂直線が主体を示し，右側の垂直線が客体を示し，水平線と垂直線との交点または接点のところに書いた"施事"と"受事"がそれぞれ主体の深層格「施事」と客体の深層格「受事」を示している。
　具体例（8）＝（4）の意味構造の図示は，図2のようになる。

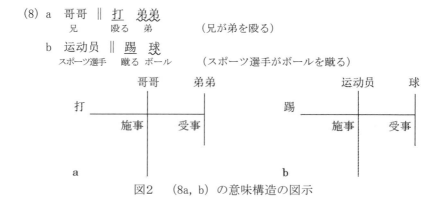

図2　(8a, b) の意味構造の図示

4.2　＜4＞施事＋V＋結果（V＝二項他動詞）

　　　　＜4＞施事＋V＋結果（V＝二項他動詞）
を持つのは，以下のような二項他動詞である。

　　(9)　"编"（編集する），"成立"（創立する），"发明"（発明する），
　　　　"画"（描く），"建筑"（建築する），"生产"（生産する），"写"（書く），
　　　　"印"（印刷する），"织"（織る），"制造"（製造する）

　このような二項他動詞が構成する二項動詞性主述句
　　　　　　{$_{主語}$語句}{{$_{述}$動詞性語句}{$_{目的語}$語句}}
では，主語のさす実体が主体となり，目的語のさす実体が客体となり，二項他動詞を中核とする述語の表すことが二項他動詞的事態となっている。

主体と客体の深層格は，＜4＞の配列で分かるように，それぞれ施事と結果である。
＜4＞を持つ二項動詞が構成する二項動詞性主述句は，次の意味構造を持っている。

$$\text{主体}_{\text{施事}}-\text{事態}_{\text{二項他動詞的}}-\text{客体}_{\text{結果}}$$

この意味構造の図示は，図3のようになる。

図3　格フレーム＜4＞を持つ二項動詞が構成する二項動詞性主述句の意味構造の図示

具体例（10）の意味構造の図示は，図4のようになる。

(10) a　爱迪生 ‖ 发明　电灯
　　　　エジソン　発明する　白熱電球　　（エジソンが白熱電球を発明する）
　　 b　画家 ‖ 画　人像
　　　　画家　　描く　肖像　　（画家が肖像を描く）

図4　(10a, b) の意味構造の図示

4.3　＜21＞施事＋V＋工具（V＝二項自動詞）

《（人机通用）现代汉语动词大词典》には，

＜21＞施事＋V＋工具（V＝二項自動詞）

を持つ二項動詞は，"玩儿"（道具で娯楽活動をする）しかない。"玩儿"は，（11）のように，二項動詞性主述句を構成している。

　　　｛主語語句｝｛｛述語動詞性語句｝｛目的語語句｝｝
　　　｛主語孩子｝｛｛述語玩儿｝｛目的語游戏机｝｝

(11) 孩子 ‖ 玩儿　游戏机
　　　子供　娯楽活動をする　ゲーム機　（子供がゲームをする＝子供がゲーム機でゲームをする）

＜21＞の配列で分かるように，"孩子"と"游戏机"の深層格は，それぞれ施事と工

具である。＜21＞を持つ二項動詞"玩儿"が構成する二項動詞性主述句は，次の意味構造を持っている。

$$_{施事}主体-_{二項自動詞的}事態-_{工具}客体$$
$$_{施事}孩子-_{二項自動詞的}玩儿-_{工具}游戏机$$

この意味構造の図示は，図5のようになる。

図5　格フレーム＜21＞を持つ二項動詞が構成する二項動詞性主述句の意味構造の図示

4.4　＜23＞施事＋V＋方式（V＝二項自動詞）

《（人机通用）現代汉语动词大词典》には，

　　　　＜23＞施事＋V＋方式（V＝二項自動詞）

を持つ二項動詞は，"打"（従事する），"打"（ある手段を取る），"玩儿"（不正な手段を使う）しかない。これらは，(12)のように，二項動詞性主述句を構成している。

$$\{_{主語}語句\}\{\{_{述語}動詞性語句\}\{_{目的語}語句\}\}$$

$$\{_{主語}弟弟\}\{\{_{述語}打\}\{_{目的語}零工\}\}$$
$$\{_{主語}経理\}\{\{_{述語}打\}\{_{目的語}官腔\}\}$$
$$\{_{主語}対方\}\{\{_{述語}玩儿\}\{_{目的語}花招儿\}\}$$

(12) a　弟弟 ‖ 打　零工
　　　　弟　従事する　アルバイト　　（弟がアルバイトをする＝弟がアルバイトで働く）
　　b　経理 ‖ 打　官腔
　　　　マネージャー　手段を取る　役人口調　　（マネージャーが役人口調でしゃべる）
　　c　対方 ‖ 玩儿　花招儿
　　　　相手　不正な手段を使う　手管　　（相手が手管を弄する＝相手が計略で欺く）

＜23＞の配列で分かるように，主体と客体の深層格はそれぞれ施事と方式である。＜23＞を持つ二項動詞"打"（従事する），"打"（ある手段を取る），"玩儿"（不正な手段を使う）が構成する二項動詞性主述句は，次の意味構造を持っている。

$$_{施事}主体-_{二項自動詞的}事態-_{方式}客体$$

$$_{施事}弟弟-_{二項自動詞的}打-_{方式}零工$$
$$_{施事}経理-_{二項自動詞的}打-_{方式}官腔$$
$$_{施事}対方-_{二項自動詞的}玩儿-_{方式}花招儿$$

この意味構造の図示は，図6のようになる。

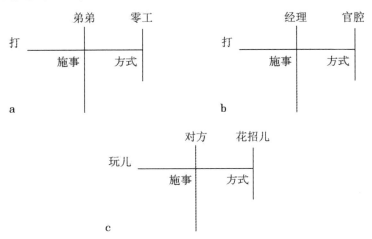

図6　格フレーム＜23＞を持つ二項動詞が構成
する二項動詞性主述句の意味構造の図示

4.5　＜30＞当事＋V＋客事（V＝二項外動詞）

　　　＜30＞当事＋V＋客事（V＝二項外動詞）
を持つのは，以下のような二項外動詞である。

(13)　"符合"（合致する），"害怕"（怖がる），"記得"（覚えている），
　　　"明白"（分かる），"碰見"（出会う），"缺乏"（欠乏する），
　　　"听見"（聞こえる），"誤解"（誤解する），"像"（似ている），
　　　"遺失"（遺失する）

このような二項外動詞が構成する二項動詞性主述句
　　　　　｛主語語句｝｛｛述語動詞性語句｝｛目的語語句｝｝
では，主語のさす実体が主体となり，目的語のさす実体が客体となり，二項外動詞を中核とする述語の表すことが二項外動詞的事態となっている。二項外動詞的事態は，非自発的でその影響が直接客体に及ぶものである。
　主体と客体の深層格は＜30＞の配列で分かるように，それぞれ当事と客事である。＜30＞を持つ二項動詞が構成する二項動詞性主述句は次の意味構造を持っている。
　　　　　当事主体－二項外動詞的事態－客事客体
この意味構造の図示は，図7のようになる。

図7　格フレーム＜30＞を持つ二項動詞が構成
　　　する二項動詞性主述句の意味構造の図示

　具体例（14）の意味構造の図示は，図8のようになる。

(14) a　大家 ‖ 明白　真相
　　　　みんな　分かる　真相　　　（みんなに真相が分かる）
　　 b　我 ‖ 碰見　一个　老　朋友
　　　　私　　出会う　1人　古い　友人　（私が古くからの友人に出会う）

図8　（14a, b）の意味構造の図示

4.6　＜37＞処所＋V＋当事（V＝二項内動詞）

　　　　＜37＞処所＋V＋当事（V＝二項内動詞）
を持つのは，以下のような二項内動詞である。

　(15)　"陈列"（陳列する），"充满"（満ちる），"发生"（起こる），
　　　　"挂"（付着する），"闹"（発生する），"悬挂"（掛かる）

　このような二項内動詞が構成する二項動詞性主述句
　　　　｛主語語句｝｛｛述語動詞性語句｝｛目的語語句｝｝
では，主語と目的語のさす実体の深層格は，＜37＞の配列で分かるように，それぞれ処所と当事である。
　ただし，＜3，4，21，23，30＞を持つ二項動詞が構成する二項動詞性主述句と違って，＜37＞を持つ二項動詞が構成する二項動詞性主述句では，当事を付与される目的語のさす実体が処所を付与される主語のさす実体より認識されやすいので，目的語のさす実体が主体となり，主語のさす実体が客体となっている。
　＜37＞を持つ二項動詞が構成する二項動詞性主述句は次の意味構造を持っている。

$_{当事}$主体－$_{二項内動詞的}$事態－$_{処所}$客体

この意味構造の図示は，図9のようになる。

図9　格フレーム＜37＞を持つ二項動詞が構成する二項動詞性主述句の意味構造の図示

具体例（16）の意味構造の図示は，図10のようになる。

(16) a 她　的　眼　里 ‖ 充満　泪水
　　　　彼女　の　目　中　　満ちる　涙　　（彼女の目に涙が溢れる）

　　 b 玉米地 ‖ 闹　蝗虫
　　　　トウモロコシ畑　発生する　イナゴ　　（トウモロコシ畑でイナゴが発生する）

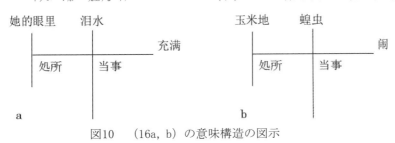

図10　（16a, b）の意味構造の図示

5　まとめ—述目句の意味構造

4節では，＜3, 4, 21, 23, 30, 37＞を持つ二項動詞が構成する二項動詞性主述句を考察した。述目句は，二項動詞性主述句に含まれているので，二項動詞性主述句の意味構造が分かれば，述目句の意味構造も分かるようになる。

例えば，＜3＞を持つ二項動詞が構成する二項動詞性主述句

{$_{主語}$語句}{{$_{述語}$動詞性語句}{$_{目的語}$語句}}

は，

$_{施事}$主体－$_{二項他動詞的}$事態－$_{受事}$客体

という意味構造を持っているので，それに含まれる述目句

{$_{述語}$動詞性語句}{$_{目的語}$語句}

の意味構造は，

$_{二項他動詞的}$事態－$_{受事}$客体

- 125 -

となっている。

その図示については，述目句の意味構造中に主語のさす実体（主体または客体）が現れないので，図11のように，それを破線で表示することにし，これを述目句の意味構造の図示とする。

図11　格フレーム＜3＞を持つ二項動詞が
　　　構成する述目句の意味構造の図示

ここで，＜3, 4, 21, 23, 30, 37＞を持つ二項動詞が構成する二項動詞性主述句，及びそれらに含まれる述目句の意味構造，図示を表3(1,2)にまとめておく。

ＤＶ論文　中国語の句の意味構造　第3章　述目句

表3(1)　二項動詞性主述句と述目句の意味構造，及びその図示(1)

二項動詞性主述句 {主語語句} {{述語動詞性語句} {目的語語句}}	述目句 {述語動詞性語句} {目的語語句}
"＜3＞施事＋V＋受事（V＝二項他動詞）"を持つ二項動詞	
施事主体－二項他動詞的事態－受事客体	二項他動詞的事態－受事客体
図示 　　　　　　　　　　　主体　　　客体 二項他動 ──────────── 詞的事態　　　施事　　　受事	図示（実線部分） 　　　　　　　　　主体　　　客体 二項他動 ──────────── 詞的事態　　　施事┆　受事
"＜4＞施事＋V＋結果（V＝二項他動詞）"を持つ二項動詞	
施事主体－二項他動詞的事態－結果客体	二項他動詞的事態－結果客体
図示 　　　　　　　　　　　主体　　　客体 二項他動 ──────────── 詞的事態　　　施事　　　結果	図示（実線部分） 　　　　　　　　　主体　　　客体 二項他動 ──────────── 詞的事態　　　施事┆　結果
"＜21＞施事＋V＋工具（V＝二項自動詞）"を持つ二項動詞	
施事主体－二項自動詞的事態－工具客体	二項自動詞的事態－工具客体
図示 　　　　　　　　　　　主体　　　客体 二項自動 ──────────── 詞的事態　　　施事　　　工具	図示（実線部分） 　　　　　　　　　主体　　　客体 二項自動 ──────────── 詞的事態　　　施事┆　工具

- 127 -

日本語構造伝達文法・発展D

表3(2)　二項動詞性主述句と述目句の意味構造，及びその図示(2)

"<23>施事＋V＋方式（V＝二項自動詞）"を持つ二項動詞	
施事主体－二項自動詞的事態－方式客体	二項自動詞的事態－方式客体
図示 　　　　　　　　　　主体　　　　客体 二項自動 詞的事態　　　　施事　　　　方式	図示（実線部分） 　　　　　　　　　　主体　　　　客体 二項自動 詞的事態　　　　施事　　　　方式
"<30>当事＋V＋客事（V＝二項外動詞）"を持つ二項動詞	
当事主体－二項外動詞的事態－客事客体	二項外動詞的事態－客事客体
図示 　　　　　　　　　　主体　　　　客体 二項外動 詞的事態　　　　当事　　　　客事	図示（実線部分） 　　　　　　　　　　主体　　　　客体 二項外動 詞的事態　　　　当事　　　　客事
"<37>処所＋V＋当事（V＝二項内動詞）"を持つ二項動詞	
当事主体－二項内動詞的事態－処所客体	当事主体－二項内動詞的事態
図示 　　客体　　　主体 　　　　　　　　　　　　二項内動 　　処所　　　当事　　　詞的事態	図示（実線部分） 　　客体　　　主体 　　　　　　　　　　　　二項内動 　　処所　　　当事　　　詞的事態

－ 128 －

第4章

結果述補句

p.88の(3)

本章では，第2章「主述句」と第3章「述目句」を踏まえ，主述句と述目句より複雑な結果述補句について考察する。まずは，述補句を概観する。次に，結果述補句を含む動詞性主述句における述語事態，補語事態，実体の3者が互いに関与する仕方の違いによって動詞性主述句を分類し，それぞれの意味構造を分析する。その上で，結果述補句の分類を行い，それらの意味構造を分析して図示する。

1　述補句の種類

"述补短语"，すなわち述補句は，複数の語句が述語と補語の関係で結合することによって構成される句である。

　一般に，述補句の前の部分（述語）は，事態を表す語句であり，後ろの部分（補語）は，その事態を補足説明する語句である。具体的には，補語は，次のことを表す。

(1) 事態の結果
　　a　<u>写</u>〈错〉
　　　　書く　正しくない　　（書き間違える）
　　b　<u>打</u>〈死〉
　　　　殴る　死ぬ　　　　（殴り殺す）
　　c　<u>说</u>〈清楚〉
　　　　言う　はっきりしている　（はっきり言う）

(2) 事態の方向や趨勢
　　a　<u>进</u>〈去〉
　　　　入る　行く　　　　（入って行く）
　　b　<u>跑</u>〈来〉
　　　　走る　来る　　　　（走って来る）
　　c　<u>拿</u>〈出〉
　　　　持つ　出る　　　　（持ち出す）

日本語構造伝達文法・発展D

(3) 事態の実現可能・不可能　　a　<u>看</u>　得　〈懂〉
　　　　　　　　　　　　　　　　読む　補語標識　分かる　　（読んで理解できる）
　　　　　　　　　　　　　　b　<u>吃</u>　得　〈了〉
　　　　　　　　　　　　　　　　食べる　補語標識　終わる　　（食べきれる）
　　　　　　　　　　　　　　c　<u>洗</u>　得　〈干浄〉
　　　　　　　　　　　　　　　　洗う　補語標識　きれいだ　　（きれいに洗うことができる）

(4) 事態の描写　　　　　　　　a　<u>唱</u>　得　〈好〉
　　　　　　　　　　　　　　　　歌う　補語標識　うまい　　　（うまく歌う）
　　　　　　　　　　　　　　b　<u>高兴</u>　得　〈哈哈　大笑〉
　　　　　　　　　　　　　　　　楽しい　補語標識　あははっと　大笑いする
　　　　　　　　　　　　　　　　　　　　　（あははっと大笑いするほど楽しい）
　　　　　　　　　　　　　　c　<u>干浄</u>　得　〈一点　灰尘　都　没有〉
　　　　　　　　　　　　　　　　きれいだ　補語標識　少し　ちり　も　ない
　　　　　　　　　　　　　　　　　　　　（ほんの少しのちりもないほどきれいだ）

(5) 事態の程度　　　　　　　　a　<u>忙</u>　〈极〉　了
　　　　　　　　　　　　　　　　忙しい　ひどく　語気助詞　　（とても忙しい）
　　　　　　　　　　　　　　b　<u>累</u>　〈死〉　了
　　　　　　　　　　　　　　　　疲れる　ひどく　語気助詞　　（死ぬほど疲れる）
　　　　　　　　　　　　　　c　<u>乐</u>　〈坏〉　了
　　　　　　　　　　　　　　　　うれしい　ひどく　語気助詞　（うれしくてたまらない）

(6) 事態の時期や場所　　　　　a　<u>生</u>　〈于　1949年〉
　　　　　　　　　　　　　　　　生まれる　に　1949年　（1949年に生まれる）
　　　　　　　　　　　　　　b　<u>驶</u>　〈向　太平洋〉
　　　　　　　　　　　　　　　　走らせる　に　太平洋　（太平洋に向けて出航する）
　　　　　　　　　　　　　　c　<u>选</u>　〈自　《人民日报》〉
　　　　　　　　　　　　　　　　選ぶ　から　『人民日報』（『人民日報』から選ぶ）

(7) 事態の回数や期間　　　　　a　<u>念</u>　〈一遍〉
　　　　　　　　　　　　　　　　読む　1回　　　（1回読む）
　　　　　　　　　　　　　　b　<u>住</u>　了　〈三年〉
　　　　　　　　　　　　　　　　住む　た　三年　（三年間住んだ）
　　　　　　　　　　　　　　c　<u>大</u>　〈两岁〉
　　　　　　　　　　　　　　　　大きい　二歳　（二歳年上だ）

　述補句は，上述の補語の意味や機能に応じて，結果述補句，方向・趨勢述補句，可能述補句，描写述補句，程度述補句，時期・場所述補句，回数・期間述補句に分類することができる。
　そのうち結果述補句の形式は，次のように表示することができる。

　　　　　　　｛_{述語}動詞性語句｝｛_{補語}動詞・形容詞性語句｝

2　結果述補句を含む動詞性主述句の分類

　結果述補句

　　　　　　｛_{述語}動詞性語句｝｛_{補語}動詞・形容詞性語句｝

は，主語としての語句とともに動詞性主述句を構成している。

　　　　　　｛_{主語}語句｝｛｛_{述語}動詞性語句｝｛_{補語}動詞・形容詞性語句｝｝

－ 130 －

DV論文　中国語の句の意味構造　第4章　結果述補句

或いは，目的語としての語句とともに述目句

{{述語動詞性語句}{補語動詞・形容詞性語句}}{目的語語句}

を構成してから，主語としての語句とともに動詞性主述句

{主語語句}{{{述語動詞性語句}{補語動詞・形容詞性語句}}{目的語語句}}

を構成している。

　本章は，結果述補句の意味構造を分析するが，まずは結果述補句を含む動詞性主述句

{主語語句}{{述語動詞性語句}{補語動詞・形容詞性語句}}

{主語語句}{{{述語動詞性語句}{補語動詞・形容詞性語句}}{目的語語句}}

を分析することにする。

　上の動詞性主述句では，述語が表すのは，事態であり，補語が表すのは，事態または補助事態である。以下の論述の便宜のために，前者を述語事態と呼び，後者を補語事態と呼ぶことにする。

　述語事態，補語事態，主語や目的語のさす実体は，互いに異なる仕方で関与している。関与の仕方によって，結果述補句を含む動詞性主述句は，主に下記の5種類に分類することができる。

（8）においては，実線矢印は，主語や目的語のさす実体が主体として述語事態や補語事態に関与することを示し，破線矢印は，別の関与の仕方を示している。詳しくは，次の節で述べる。

(8)

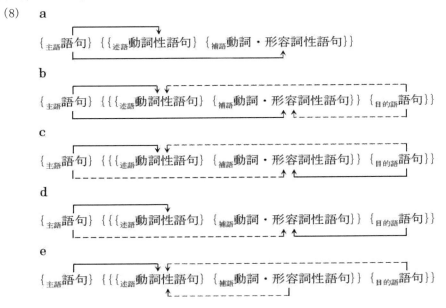

- 131 -

日本語構造伝達文法・発展D

3 結果述補句を含む動詞性主述句の意味構造
3.1 （8a）の意味構造
（8a）

$$\{_{主語}語句\}\ \{\{_{述語}動詞性語句\}\ \{_{補語}動詞・形容詞性語句\}\}$$

（8a）では，主語のさす実体が主体として述語事態と補語事態の両方に関与している。（9）は，（8a）の例である。

（9）

a　他 ‖ 摔　〈倒〉　了

　　彼　　　転ぶ　倒れる　　た　　　（彼が転んでひっくり返った）

b　我 ‖ 走　〈累〉　了

　　私　　　歩く　疲れる　　た　　　（私が歩き疲れた）

（9a）では述語事態"摔"に"他"のさす実体が主体として関与している。動詞"摔"が格フレーム "＜2＞当事＋V（V＝一項内動詞）" を持っているので，"他"の深層格は，当事となっている[1]。

　　　　当事＝非自発的な動作，行為，状態の主体

一方，補語事態"倒"に"他"のさす実体が主体として関与している。動詞"倒"が格フレーム "＜2＞当事＋V（V＝一項内動詞）" を持っているので，"他"の深層格は，当事となっている。

よって，（9a）の意味構造は，

　　①　$_{当事}$他－$_{一項内動詞的}$摔

　　②　$_{当事}$他－$_{一項内動詞的}$倒－$_{時間的局面}$了[2]

となると考えられる。図1は，その図示である。

　図1（及び図2と図3）では，上の長い水平線が述語事態を示し，下の長い水平線が補語事態を示し，垂直線が述語事態と補語事態の主体を示している。長い水平線の上下の順序は，述語と補語の語順に従っている。短い水平線は，"了"の表す補助事態を示している。

1　格フレーム "＜1＞施事＋V（V＝一項自動詞）"，"＜2＞当事＋V（V＝一項内動詞）"，"＜3＞施事＋V＋受事（V＝二項他動詞）"，"＜30＞当事＋V＋客事（V＝二項外動詞）" については，第3章「述目句」の 3.2節「格フレームと格フレームのタイプ」を参照されたい。

2　"了"については，第2章「主述句」の 5.3節「一項動詞性主述句と付加成分」を参照されたい。

－ 132 －

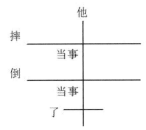

図1 (9a)の意味構造の図示

(9b)では，述語事態"走"に"我"のさす実体が主体として関与している。動詞"走"が格フレーム"＜1＞施事＋V（V＝一項自動詞）"を持っているので，"我"の深層格は，施事となっている。

　　　施事＝自発的な動作，行為，状態の主体

一方，補語事態"累"に"我"のさす実体が主体として関与している。"累"が形容詞であるので，"我"の深層格は，当事となっている[3]。

(9b)の意味構造は，
　　① 施事我－一項自動詞的走
　　② 当事我－形容詞的累－時間的局面了
となると考えられる。図2は，その図示である。

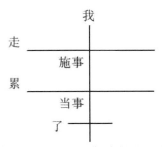

図2　(9b)の意味構造の図示

(9)の分析に基づいて，結果述補句を含む動詞性主述句(8a)の意味構造は，
　　① 述語事態主体－述語事態
　　② 補語事態主体－補語事態　(述語事態主体＝補語事態主体＝主語のさす実体)
と整理することができると考えられる。図3は，その図示である。

---

[3] 第2章「主述句」の4.2節「形容詞性主述句の意味構造と図示」を参照されたい。

日本語構造伝達文法・発展D

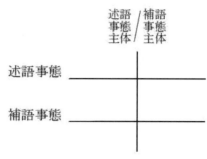

図3　(8a) の結果述補句を含む動詞性主述句の意味構造の図示

3.2　(8b) の意味構造

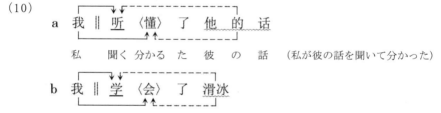

(8b) では，主語のさす実体は，主体として述語事態と補語事態に関与しており，目的語のさす実体は，客体として述語事態と補語事態に関与している。(10) は，(8b) の例である。

(10) a 我‖听〈懂〉了 他的话
　　　　私　聞く 分かる た 彼 の 話　（私が彼の話を聞いて分かった）

　　　b 我‖学〈会〉了 滑冰
　　　　私　学ぶ できる た スケート　（私がスケートを学んで身に付けた）

(10a) では，述語事態"听"に"我"と"他的话"のさす実体がそれぞれ主体と客体として関与している。動詞"听"が格フレーム"<3>施事＋V＋受事（V＝二項他動詞）"を持っているので，"我"と"他的话"の深層格は，それぞれ施事と受事となっている。

　　　受事＝自発的な動作，行為に関わる客体

一方，補語事態"懂"に"我"と"他的话"のさす実体がそれぞれ主体と客体として関与している。動詞"懂"が格フレーム"<30>当事＋V＋客事（V＝二項外動詞）"を持っているので，"我"と"他的话"の深層格は，それぞれ当事と客事となっている。

　　　客事＝非自発的な動作に関わる客体

- 134 -

よって，(10a)の意味構造は，
① 施事我－二項他動詞的听－受事他的话
② 当事我－二項外動詞的懂－客事他的话－時間的局面了
となると考えられる。図4は，その図示である。

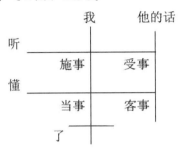

図4 (10a)の意味構造の図示

　図4（及び図5と図6）では，上の長い水平線が述語事態を示し，下の長い水平線が補語事態を示し，中央の垂直線が述語事態と補語事態の主体を示し，右側の垂直線が述語事態と補語事態の客体を示している。長い水平線の上下の順序は，述語と補語の語順に従っている。短い水平線は，"了"の表す補助事態を示している。
　(10b)では，述語事態"学"に"我"と"滑冰"のさす実体がそれぞれ主体と客体として関与している。動詞"学"が格フレーム "＜3＞施事＋V＋受事（V＝二項他動詞）"を持っているので，"我"と"滑冰"の深層格は，それぞれ施事と受事となっている。一方，補語事態"会"に"我"と"滑冰"のさす実体がそれぞれ主体と客体として関与している。動詞"会"が格フレーム "＜30＞当事＋V＋客事（V＝二項外動詞）" を持っているので，"我"と"滑冰"の深層格は，それぞれ当事と客事となっている。
　(10b)の意味構造は，
① 施事我－二項他動詞的学－受事滑冰
② 当事我－二項外動詞的会－客事滑冰－時間的局面了
となると考えられる。図5は，その図示である。

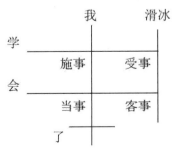

図5 (10b)の意味構造の図示

(10) の分析に基づいて，結果述補句を含む動詞性主述句（8b）の意味構造は，
① 述語事態主体－述語事態－述語事態客体
② 補語事態主体－補語事態－補語事態客体
（述語事態主体＝補語事態主体＝主語のさす実体； 述語事態客体＝補語事態客体＝目的語のさす実体）

と整理することができると考えられる。図6は，その図示である。

図6 （8b）の結果述補句を含む動詞性主述句の意味構造の図示

3.3 （8c）の意味構造

(8c)

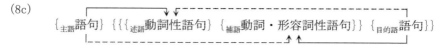

（8c）では，主語と目的語のさす実体は，述語事態には，それぞれ主体と客体として関与しているが，補語事態には，それぞれ客体と主体として関与している。（11）は，（8c）の例である。

(11)

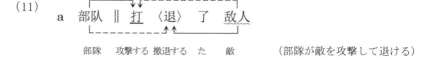

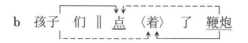

（11a）では，述語事態"打"に"部队"と"敌人"のさす実体がそれぞれ主体と客体として関与している。動詞"打"が格フレーム"＜3＞施事＋V＋受事（V＝二項他動詞）"を持っているので，"部队"と"敌人"の深層格は，それぞれ施事と受事となっている。一方，補語事態"退"に"敌人"のさす実体が主体として関与している。動詞"退"が格フレーム"＜1＞施事＋V（V＝一項自動詞）"を持っているので，"敌人"の深層格は，施

事となっている。
　また，"敌人"のさす実体が補語事態"退"に関与することを，"部队"のさす実体が引き起こすので，"部队"のさす実体が客体として補語事態"退"にも関与していると考えられる。その深層格は，原因である。

　　　原因＝事態を引き起こす原因

図7　（11a）の意味構造の図示

よって，（11a）の意味構造は，
　　① $_{施事}$部队－$_{二項他動詞的}$打－$_{受事}$敌人
　　② $_{施事}$敌人－$_{一項自動詞的}$退－$_{原因}$部队－$_{時間的局面}$了
となっている。図7は，その図示である。
　この意味構造は，
　　① $_{施事}$部队－$_{二項他動詞的}$打－$_{受事}$敌人
　　② $_{施事}$敌人－$_{一項自動詞的}$退－$_{時間的局面}$了
の両者が図8のような過程を経て合成されるものであると考えられる。
　合成の過程Ⅰでは，"敌人"のさす実体が事態"退"に関与することを，"部队"のさす実体が引き起こすので，"部队"が原因として事態"退"に接するようになる。Ⅱでは，2つの"敌人"が同一人物なので，1つに結合される。

　（11b）では，述語事態"点"に"孩子们"と"鞭炮"のさす実体がそれぞれ主体と客体として関与している。動詞"点"が格フレーム"＜3＞施事＋V＋受事（V＝二項他動詞）"を持っているので，"孩子们"と"鞭炮"の深層格は，それぞれ施事と受事となっている。一方，補語事態"着"に"鞭炮"のさす実体が主体として関与している。動詞"着"が格フレーム"＜2＞当事＋V（V＝一項内動詞）"を持っているので，"鞭炮"の深層格は，当事となっている。

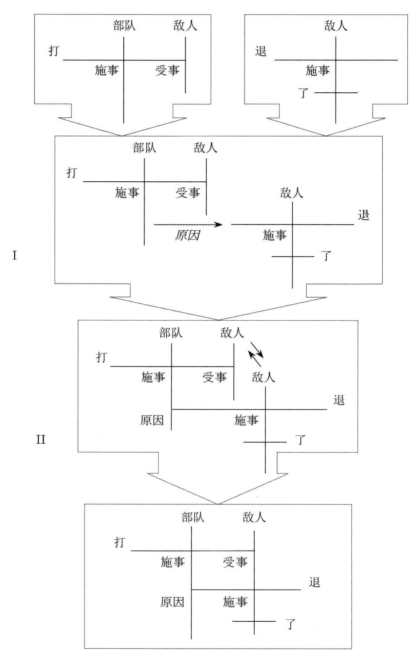

図8　(11a) の意味構造の合成

また，"鞭炮"のさす実体が補語事態"着"に関与することを，"孩子们"のさす実体が引き起こすので，"孩子们"のさす実体が客体として補語事態"着"にも関与していると考えられる。その深層格は，原因である。
　（11b）の意味構造は，
　　　① _{施事}孩子们ー_{二項他動詞的}点ー_{受事}鞭炮
　　　② _{当事}鞭炮ー_{一項内動詞的}着ー_{原因}孩子们ー_{時間的局面}了
となっている。図9は，その図示である。

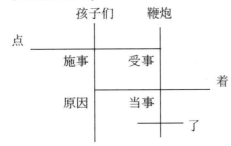

図9　（11b）の意味構造の図示

（11a）と同様に，（11b）の意味構造
　　　① _{施事}孩子们ー_{二項他動詞的}点ー_{受事}鞭炮
　　　② _{当事}鞭炮ー_{一項内動詞的}着ー_{原因}孩子们ー_{時間的局面}了
は，
　　　① _{施事}孩子们ー_{二項他動詞的}点ー_{受事}鞭炮
　　　② _{当事}鞭炮ー_{一項内動詞的}着ー_{時間的局面}了
の2者が図10のような過程を経て合成されるものであると考えられる。
　合成の過程Ⅰでは，"鞭炮"のさす実体が事態"着"に関与することを，"孩子们"のさす実体が引き起こすので，"孩子们"が原因として事態"着"に接するようになる。Ⅱでは，2つの"鞭炮"が同一の物事なので，1つに結合される。
　（11）の分析に基づいて，結果述補句を含む動詞性主述句（8c）の意味構造は，
　　　① 述語事態主体ー述語事態ー述語事態客体
　　　② 補語事態主体ー補語事態ー_{原因}補語事態客体
　　（述語事態主体＝補語事態客体＝主語のさす実体；　述語事態客体＝補語事態主体＝目的語のさす実体）
と整理することができると考えられる。図11は，その図示である。

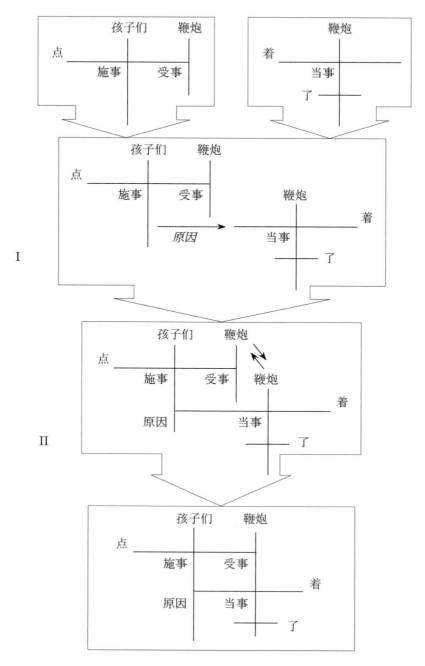

図10　(11b) の意味構造の合成

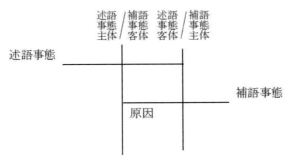

図11 (8c) の結果述補句を含む動詞性主述句の意味構造の図示

3.4 (8d) の意味構造

(8d)　{主語語句} {{{述語動詞性語句} {補語動詞・形容詞性語句}} {目的語語句}}

(8d) では，主語のさす実体は，述語事態には，主体として関与しているが，主語と目的語のさす実体は，補語事態には，それぞれ客体と主体として関与している。(12) は，(8d) の例である。

(12) a 她 ‖ 哭 〈紅〉 了 眼睛

　　　　彼女　泣く　赤い　た　目　　(彼女が泣いて目を真っ赤にした)

　　b 大家 ‖ 笑 〈疼〉 了 肚子

　　　　みんな　笑う　痛む　た　腹　　(みんなが笑って腹が痛くなった)

(12a) では，述語事態"哭"に"她"のさす実体が主体として関与している。動詞"哭"が格フレーム"＜1＞施事＋V（一項自動詞）"を持っているので，"她"の深層格は，施事となっている。一方，補語事態"紅"に"眼睛"のさす実体が主体として関与している。"紅"が形容詞であるので，"眼睛"の深層格は，当事となっている。

また，"眼睛"のさす実体が補語事態"紅"に関与することを，"她"のさす実体が引き起こすので，"她"のさす実体が客体として補語事態"紅"にも関与していると考えられる。その深層格は，原因である。

よって，(12a) の意味構造は，
　　　① 施事她－一項自動詞的哭
　　　② 当事眼睛－形容詞的紅－原因她－時間的局面了
となっている。図12は，その図示である。

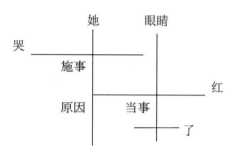

図12　(12a) の意味構造の図示

意味構造
　　① 施事她－一項自動詞的哭
　　② 当事眼睛－形容詞的紅－原因她－時間的局面了
は，
　　① 施事她－一項自動詞的哭
　　② 当事眼睛－形容詞的紅－時間的局面了
の両者が図13のような過程を経て合成されるものであると考えられる。

　合成の過程Ⅰでは，"眼睛"のさす実体が事態"紅"に関与することを，"她"のさす実体が引き起こすので，"她"が原因として事態"紅"に接するようになる。

　(12b) では，述語事態"笑"に"大家"のさす実体が主体として関与している。動詞"笑"が格フレーム"＜1＞施事＋V（一項自動詞）"を持っているので，"大家"の深層格は，施事となっている。一方，補語事態"疼"に"肚子"のさす実体が主体として関与している。"疼"が形容詞であるので，"肚子"の深層格は，当事となっている。

　また，"肚子"のさす実体が補語事態"疼"に関与することを，"大家"のさす実体が引き起こすので，"大家"のさす実体が客体として補語事態"疼"にも関与している。その深層格は，原因である。

　(12b) の意味構造は，
　　① 施事大家－一項自動詞的笑
　　② 当事肚子－形容詞的疼－原因大家－時間的局面了
となっている。図14は，その図示である。

- 142 -

DV論文　中国語の句の意味構造　第4章　結果述補句

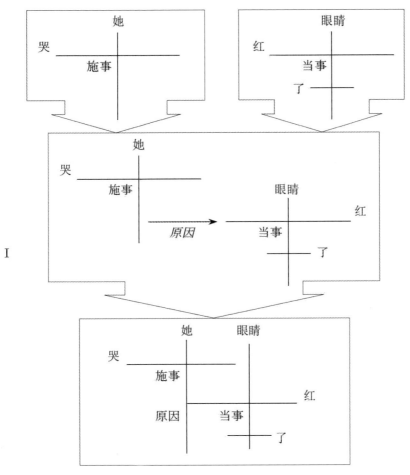

図13　（12a）の意味構造の合成

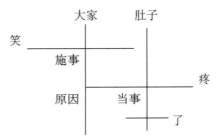

図14　（12b）の意味構造の図示

- 143 -

(12a) と同様に，(12b) の意味構造
　　① 施事大家－一項自動詞的笑
　　② 当事肚子－形容詞的疼－原因大家－時間的局面了
は，
　　① 施事大家－一項自動詞的笑
　　② 当事肚子－形容詞的疼－時間的局面了
の両者が図15のような過程を経て合成されるものであると考えられる。

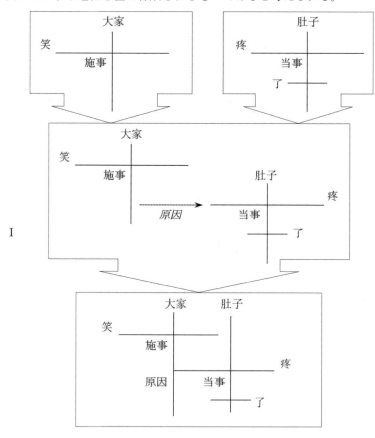

図15　(12b) の意味構造の合成

　合成の過程Ⅰでは，"肚子"のさす実体が事態"疼"に関与することを，"大家"のさす実体が引き起こすので，"大家"が原因として事態"疼"に接するようになる。
　(12) の分析に基づいて，結果述補句を含む動詞性主述句 (8d) の意味構造は，
　　① 述語事態主体－述語事態
　　② 補語事態主体－補語事態－原因補語事態客体
　　　（述語事態主体＝補語事態客体＝主語のさす実体；　補語事態主体＝目的語のさす実体）

－ 144 －

と整理することができると考えられる。図16は，その図示である。

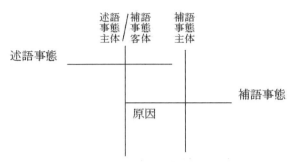

図16　(8d)の結果述補句を含む動詞性主述句の意味構造の図示

3.5　(8e)の意味構造

(8e)　{主語語句}　{{{述語動詞性語句}{補語動詞・形容詞性語句}}{目的語語句}}

(8e)では，主語と目的語のさす実体は，述語事態には，それぞれ主体と客体として関与している。補語事態は，述語事態の完成度の高さを語る補助事態である。(13)は，(8e)の例である。

(13)　a　爸爸 ‖ 看 〈完〉 了 报纸
　　　　　　お父さん　読む　し終わる　た　新聞　（お父さんが新聞を読み終わった）

　　　 b　奶奶 ‖ 做 〈好〉 了 主食
　　　　　　おばあさん　作る　し終わる　た　主食　（おばあさんが主食を作り終えた）

(13a)では，述語事態"看"に"爸爸"と"报纸"のさす実体がそれぞれ主体と客体として関与している。動詞"看"が格フレーム"＜3＞施事＋V＋受事（V＝二項他動詞）"を持っているので，"爸爸"と"报纸"の深層格は，それぞれ施事と受事となっている。一方，補語事態"完"が表すのは，1つのまとまりとして認識されている事態や主体，客体ではなく，述語事態"看"の完成度の高さを語る補助事態である。

よって，(13a)の意味構造は，

$$\text{施事}爸爸-\text{二項他動詞}看-\text{受事}报纸-\text{完成度}完-\text{時間的局面}了$$

となっている。図17は，その図示である。

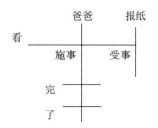

図17　(13a) の意味構造の図示

　図17（及び図18と図19）では，長い水平線が述語事態を示し，上の短い水平線が補語事態を示し，中央の垂直線が述語事態の主体を示し，右側の垂直線が述語事態の客体を示している。下の短い水平線は，"了"の表す補助事態を示している。短い水平線の上下の順序は，語順に従っている。

　(13b) では，述語事態"做"に"奶奶"と"主食"のさす実体がそれぞれ主体と客体として関与している。動詞"做"が格フレーム"＜3＞施事＋V＋受事（V＝二項他動詞）"を持っているので，"奶奶"と"主食"の深層格は，それぞれ施事と受事となっている。一方，補語事態"好"が表すのは，述語事態"做"の完成度の高さを語る補助事態である。
　(13b) の意味構造は，
　　　$_{施事}$奶奶－$_{二項他動詞的}$做－$_{受事}$主食－$_{完成度}$好－$_{時間的局面}$了
となっている。図18は，その図示である。

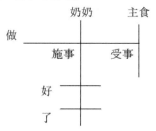

図18　(13b) の意味構造の図示

　(13) の分析に基づいて，結果述補句を含む動詞性主述句 (8e) の意味構造は，こう整理することができると考えられる。

　　　述語事態主体－述語事態－述語事態客体－$_{完成度}$補語事態
　　　(述語事態主体＝主語のさす実体；述語事態客体＝目的語のさす実体)

図19は，その図示である。

DV論文　中国語の句の意味構造　第4章　結果述補句

　結果述補句は，文字通り「補語が述語の事態の結果を表す述補句」であるが，その述語と補語（述語事態と補語事態）との関係は，「結果」とは言い切れない。(8a, b, c, d)に含まれている結果述補句の述語事態と補語事態は，連続して起きる事態であり，後者が前者の「結果」だと言えるが，(8e)に含まれている結果述補句の補語事態は，字面から見れば，述語事態の「し終わる」という「結果」を表すのであるが，実質上「結果」ではなく，述語事態の完成度の高さを語る補助事態だと考えられる。

図19　(8e)の結果述補句を含む動詞性主述句の意味構造の図示

4　まとめ—結果述補句の意味構造

　3節では結果述補句を含む動詞性主述句 (8a, b, c, d, e) を考察した。ここでは，それらの意味構造，図示を表1にまとめておく。

　表1(A,B,C)に示したように，(8a, b, c, d, e)に含まれている結果述補句は，次の3種類に分類することができる。

A　述語事態と補語事態が同じ主体を共有するもの
　　（(8a, b) に含まれている結果述補句）

B　述語事態の主体が補語事態の起きる原因であり，補語事態の客体となるもの
　　（(8c, d) に含まれている結果述補句）

C　補語事態が述語事態の完成度の高さを語る補助事態となるもの
　　（(8e) に含まれている結果述補句）

日本語構造伝達文法・発展D

表1　結果述補句を含む動詞性主述句（8a, b, c, d, e）の意味構造，及び図示
　A　述語事態と補語事態が同じ主体を共有するもの

（8a）

{主語語句}{{述語動詞性語句}{補語動詞・形容詞性語句}}

意味構造：①　述語事態主体－述語事態；②　補語事態主体－補語事態（述語事態主体＝補語事態主体＝主語のさす実体）

図示

述語／補語
事態／事態
主体／主体

述語事態 ＿＿＿＿＿＿

補語事態 ＿＿＿＿＿＿

（8b）

{主語語句}{{{述語動詞性語句}{補語動詞・形容詞性語句}}{目的語語句}}

意味構造：①　述語事態主体－述語事態－述語事態客体；②　補語事態主体－補語事態－補語事態客体（述語事態主体＝補語事態主体＝主語のさす実体；述語事態客体＝補語事態客体＝目的語のさす実体）

図示

述語／補語　述語／補語
事態／事態　事態／事態
主体／主体　客体／客体

述語事態 ＿＿＿＿＿＿

補語事態 ＿＿＿＿＿＿

- 148 -

ＤＶ論文　中国語の句の意味構造　第4章　結果述補句

B　述語事態の主体が補語事態の起きる原因であり，補語事態の客体となるもの

(8c)

{主語語句} {{{述語動詞性語句} {補語動詞・形容詞性語句}} {目的語語句}}

意味構造：① 述語事態主体－述語事態－述語事態客体；② 補語事態主体－補語事態－原因補語事態客体 (述語事態主体＝補語事態客体＝主語のさす実体；述語事態客体＝補語事態主体＝目的語のさす実体)

図示

述語　/補語　述語　/補語
事態　/事態　事態　/事態
主体　/客体　客体　/主体

述語事態

補語事態

原因

(8d)

{主語語句} {{{述語動詞性語句} {補語動詞・形容詞性語句}} {目的語語句}}

意味構造：① 述語事態主体－述語事態；② 補語事態主体－補語事態－原因補語事態客体 (述語事態主体＝補語事態客体＝主語のさす実体；補語事態主体＝目的語のさす実体)

図示

述語　/補語　補語
事態　/事態　事態
主体　/客体　主体

述語事態

補語事態

原因

－ 149 －

C 補語事態が述語事態の完成度の高さを語る補助事態となるもの

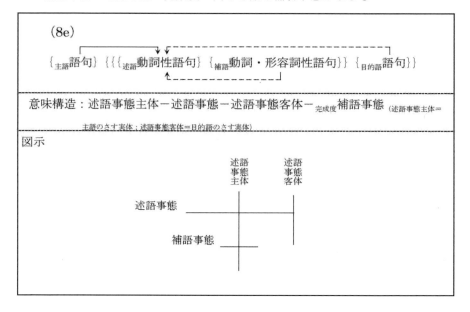

結果述補句 A，B，C の意味構造は次のようになっている。

  A ①（述語事態主体－）述語事態
   ② （補語事態主体－）補語事態
    (述語事態主体＝補語事態主体＝主語のさす実体)

  B ①（述語事態主体－）述語事態
   ② 補語事態（－_原因_補語事態客体）
    (述語事態主体＝補語事態客体＝主語のさす実体)

  C （述語事態主体－）述語事態－_完成度_補語事態
    (述語事態主体＝主語のさす実体)

これらを図示すると，図20のようになる（実線部分）。

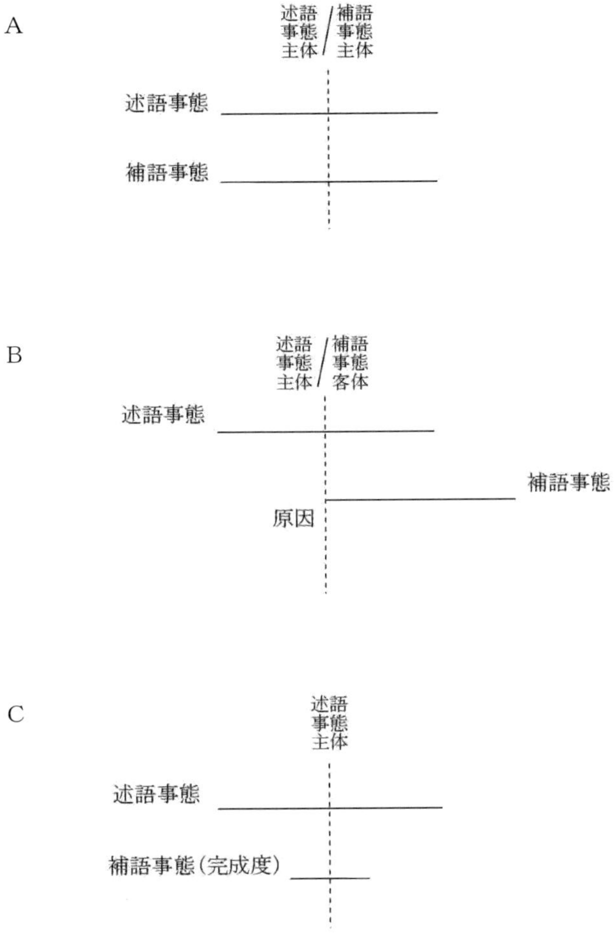

ＤＶ論文　中国語の句の意味構造　第4章　結果述補句

A
述語
事態
主体 / 補語
事態
主体

述語事態 ＿＿＿＿＿＿＿＿＿＿＿

補語事態 ＿＿＿＿＿＿＿＿＿＿＿

B
述語
事態
主体 / 補語
事態
客体

述語事態 ＿＿＿＿＿＿＿＿＿＿＿

補語事態 ＿＿＿＿＿＿＿＿＿

原因

C
述語
事態
主体

述語事態 ＿＿＿＿＿＿＿＿＿＿＿

補語事態（完成度）＿＿＿＿＿

図20　結果述補句の意味構造の図示

- 151 -

おわりに

本論文の目的は，日本語構造伝達文法における構造モデルに基づく新しい図示法を使って中国語の句の意味構造を考察することにある。これは，日本語構造伝達文法の中国語への適用を試みることを意味する。

本論文の各章は，既発表の論文を1論文にまとめるために大幅に書き改めたものである。各章とその元になった論文を以下に記しておく。

第1章
「日本語構造伝達文法の中国語への適用―予備的考察―」（『大学院論文集』，第9号，杏林大学大学院国際協力研究科，2012年）
第2章
「日本語構造伝達文法の中国語への適用―主述句の記述的研究―」（『言語と交流』，第15号，言語と交流研究会，2012年）
第3章
「日本語構造伝達文法の中国語への適用―述目句の研究―」（『大学院論文集』，第10号，杏林大学大学院国際協力研究科，2013年）
第4章
「日本語構造伝達文法の中国語への適用―結果述補句の研究―」（『言語と交流』，第16号，言語と交流研究会，2013年）

日本語構造伝達文法の基礎になっている構造モデルを取り入れ，中国語の文の土台である句の意味構造を考察することは，まさしく未知の土地を開拓する作業であり，困難を伴う。基本概念を見直したり用語を吟味したりし，試行錯誤を繰り返してきた。2011年に「日本語構造伝達文法の中国語への適用―予備的考察―」を書き始めて以来，5年近くをかけてここまで来ることができた。

日本語構造伝達文法を提唱した今泉喜一先生は，筆者の恩師でもある。先生のおかげで，筆者は，ことばの研究の世界に入ることができ，研究の仕事に携わることができるようになった。中国語には"大恩不谢"（大恩は謝せず）ということわざがあるけれども，私は，本論文をもって先生の恩に少しでも報いたいと思う。

参考文献

今泉喜一 (1995)「日本語構造伝達文法・序論」『杏林大学外国語学部紀要』第 7 号

今泉喜一 (2000)『日本語構造伝達文法』揺籃社

今泉喜一 (2003)『日本語構造伝達文法 発展A』揺籃社

今泉喜一 (2005)『日本語構造伝達文法 改訂 05 年版』揺籃社

今泉喜一 (2009)『日本語態構造の研究 －日本語構造伝達文法・発展B－』晃洋書房

今泉喜一 (2012)『日本語構造伝達文法 改訂 12 年版』揺籃社

今泉喜一 (2014)『主語と時相と活用と－日本語構造伝達文法・発展C－』揺籃社

蒋家義 (2012a)「日本語構造伝達文法の中国語への適用 — 予備的考察 — 」『大学院論文集』(杏林大学大学院国際協力研究科) 第 9 号

蒋家義 (2012b)「日本語構造伝達文法の中国語への適用 — 主述句の記述的研究 — 」『言語と交流』(言語と交流研究会) 第 15 号

蒋家義 (2013a)「日本語構造伝達文法の中国語への適用 — 述目句の研究 — 」『大学院論文集』(杏林大学大学院国際協力研究科) 第 10 号

蒋家義 (2013b)「日本語構造伝達文法の中国語への適用 — 結果述補句の研究 — 」『言語と交流』(言語と交流研究会) 第 16 号

角田太作 (2009)『世界の言語と日本語 改訂版』くろしお出版

鳥井克之 (2008)『中国語教学（教育・学習）文法辞典』東方書店

村木新次郎 (1991)『日本語動詞の諸相』ひつじ書房

北京语言大学汉语水平考试中心 (编) (2000) 《HSK中国汉语水平考试词汇大纲汉语 8000 词词典》 北京语言大学出版社

陈昌来 (2002) 《二十世纪的汉语语法学》 书海出版社

陈立民 (1998) 《论汉语格分类的标准》 《语言研究》(华中科技大学) 第 18 卷第 2 期

陈炜芳 (2007) 《汉日介词系统的对比研究》 上海外国语大学硕士学位论文

傅雨贤 (1994) 《现代汉语语法学（增订本）》 广东高等教育出版社

贾彦德 (1992) 《汉语语义学》 北京大学出版社

黎锦熙 (1924) 《新著国语文法》 商务印书馆

李行健 (2014) 《现代汉语规范词典（第 3 版）》 外语教学与研究出版社

林杏光, 王玲玲, 孙德金 (主编) (1994) 《（人机通用）现代汉语动词大词典》 北京语言学院出版社

刘顺 (2005) 《现代汉语格的层级系统及其分类描写》 《绥化学院学报》(绥化学院) 第 25 卷第 1 期

刘月华, 潘文娱, 故韡 (2001) 《实用现代汉语语法（增订本）》 商务印书馆

鲁川, 林杏光 (1989) 《现代汉语语法的格关系》 《汉语学习》(延边大学) 第 5 期

鲁川, 王玲玲 (编) (1994) 《动词大词典（人机通用）》 中国物资出版社

日本語構造伝達文法・発展D

罗竹风（主编）（1990）《汉语大词典（第六卷）》 汉语大词典出版社

孟琮，郑怀德，孟庆海，蔡文兰（编）（1999）《汉语动词用法词典》 商务印书馆

商务印书馆辞书研究中心（编）（2000）《古今汉语词典》 商务印书馆

商务印书馆辞书研究中心（编）（2007）《商务馆学汉语词典（双色本）》 商务印书馆

邵敬敏（2006）《汉语语法学史稿（修订本）》 商务印书馆

邵敬敏，任芝锳，李家树，税昌锡，吴立红（2009）《汉语语法专题研究（增订本）》
　　北京大学出版社

史有为（1992）《"格素"论要》《语法研究和探索（六）》 中国语文杂志社（编）语
　　文出版社

中国社会科学院语言研究所词典编辑室（编）（2012）《现代汉语词典（第6版）》 商务
　　印书馆

研究者紹介	蒋家義　Jiang Jiayi

略歴: 1979年　中国江蘇省蘇州市生まれ

　　　　2001年　中国蘇州大学外国語学部日本語学科卒業

　　　　2011年　杏林大学大学院国際協力研究科博士後期課程修了

　　　　2011年〜12年　杏林大学大学院国際協力研究科，ポスト・ドクター

　　　　2014年より　中国浙江工業大学外国語学院，特任准教授

　　　　2018年〜19年　創価大学大学院文学研究科，外国人研究員

関心のある問題: 自然言語の使用者は，日常どれほど言葉の意味，用法，仕組み
　　などを意識しているのか。つまり，どれほど言葉に関する知識を持っているの
　　か。その知識をどのように生かして思いのままにコミュニケーションを進める
　　のか。このような問題に関心がある。

今後の研究:「バスデ学校ニ通ウ」という出来事を描く際，「バスで学校に通う」と
　　いう表現と，「バスに乗って学校に通う」という表現の2つがありうる。把握の
　　仕方が異なるのであるが，日本語では前者を使用し，中国語では後者（坐公
　　交车去学校）を使用するのが普通である。同じ出来事に対する表現の異同を分
　　析することにより，日本語母語話者と中国語母語話者の，出来事に対する把
　　握の仕方の違いを明らかにすることができるだろう。これを今後の課題とした
　　い。

メールアドレス: shoukagi@yahoo.co.jp

- 154 -

Dあとがき

Dあとがき

この書は『発展D』である

　前著『主語と時相と活用と－日本語構造伝達文法・発展C－』は，今泉の定年退職直前の 2014 年1月に出版したのであるが，その後，「入門書シリーズ」を始めることができ，次の3冊を出版することができた。

　　2015 年　『日本語のしくみ（1）　－日本語構造伝達文法　S－』
　　　　　　　日本語の諸現象を説明するための文法としての基本事項を扱う。
　　2016 年　『日本語のしくみ（2）　－日本語構造伝達文法　T－』
　　　　　　　日本語の時間関係の表現を根本から捉えるための原理を扱う。
　　2017 年　『日本語のしくみ（3）　－日本語構造伝達文法　U－』
　　　　　　　日本語の形容詞のあり方を説明する原理を扱う。

　そして，2018 年の本書は，今となってみれば，「入門書シリーズ」とは別の「研究書シリーズ」ということになるが，それの5冊目となった（「Dまえがき」及びp.19 参照）。
　　『日本語・中国語・印欧語　－日本語構造伝達文法・発展D－』
これは，5人の研究者の共著である。

5人の共著者

　今泉喜一は，日本語に格詞(後置詞)，英語に前置詞があるのは，格表示が名詞と動詞の間でなされるという原則があるからだ，と言い，この原則からすると印欧語も以前は日本語と同じSOVの語順だったはずで，これが人類の元来の語順ではなかったか，と述べた。

　関口美緒は，類似した事象としての「歩く」と「走る」の異同を日本語構造伝達文法の理論で分析し，事象の構成要素の新しい扱い方を示しつつ，新見を述べた。

　木村泰介は，「無洗米」の意味に違和感を感じるのはなぜかと問い，構造と時相の両面から分析し，特に時相の面での分析法を開発し，その原因と解決法を述べた。

　孫偉と**蒋家義**はともに，日本語構造伝達文法を中国語に適用して，中国語に新しい文法の視点を与えた。**孫偉**は時相(テンス・アスペクト)の面から，**蒋家義**は(判断)構造の面から中国語を捉え直している。両者はともに，中国語での従来の文法研究法に見られる不備を日本語構造伝達文法の理論で克服しようとしている。今後の新しい展開が期待される。

『発展E』にご参加のお願い

　このように「日本語構造伝達文法」は研究を進めているわけだが，できれば何年か後に，引き続き「研究書シリーズ」6冊目の『日本語構造伝達文法・発展E』を出したいと考えている。本書『発展D』と同じように，今泉だけでなく，ほかの研究者の論文

- 155 -

も載せられればと思う。論文だけでなく，メモのようなものでもよい。「日本語構造伝達文法」の考え方を使えば，このようなことも考えられるのではないか，というような思いつきでもありがたい。心当たりのある方にはメールでご連絡を願う次第である。

ki1imaizu@yahoo.co.jp
（イチ）

各言語研究への期待

たとえば，**モンゴル語**や**朝鮮語**，**トルコ語**，**タミル語**などでは，構造は日本語とかなり似たものとなるように思うが，微妙に異なる部分があるだろう。その異なりの部分に，その言語の特徴を示す要素があるに違いない。構造だけでなく，時相の面にもその言語の特徴を示す部分があるはずである。……そのようなことを明らかにするメモでもありがたい。**琉球語**，**アイヌ語**はどうであろうか。

中国語は，本書で構造と時相の両面から捉えられたが，さらなる研究の深化が期待できる。また，現在のような語順になった経緯も明らかになればと思う。

英語などが中心となる諸言語理論からは，その理論の得意とする分析・考察法で寄与していただければありがたい。……**生成文法**での深層構造は，明らかに本文法の深層構造とは異なり，表層構造の一種にすぎなかったように思える。その後展開されたミニマリスト理論の新たな視点に期待ができる。……**認知言語理論**では，文法が体系的に捉えられる希望はないように思うが，意味を扱うために深められた理論が文法にも適用され，新しい視点を与えてくれるのではないかと期待できる。……**最適性理論**には言語の歴史的事実を見る必要はないのか，との疑問があるが，この理論は確かに現実の文法現象を説明しようとする1つの視点である。……また，このような他の諸理論と対比することを通して，日本語構造伝達文法の理論の特徴がより鮮明に浮かび上がってくるのものと思う。

その他の言語とひとくくりにしてしまうが，それらの構造や語順の変遷など，日本語構造伝達文法の視点で捉えられた情報があればありがたい。

日本語教育や，**国語学**からの問題提起も，これまでと同じように，研究の発展のための強力な起爆剤になる。

『発展E』がどのようなものになるのかは，いまのところまったく分からないが，研究者の方々の協力を得て，数年後に出版にこぎつけられればと思う。

研究会

小さな研究会を毎月1回，JR八王子駅近くで開いている。日時・場所の案内はホームページ（「ニコデブ」で検索可）に**研究会案内**として掲示している。関心のある方にはお気軽においでいただければと思う。（「ニコデブ」は「**日本語構造伝達文法**」の略。）

2018年7月　今泉喜一

※他の著者は各論文の後に紹介されている。

今 泉 喜 一 （いまいずみ きいち）

1948年	群馬県生まれ(東京都板橋区育ち)
1973年	東京外国語大学(モンゴル語学科)卒業
1975年	東京外国語大学大学院修士課程修了
1978年	国立国語研究所日本語教育長期専門研修受講
1979年〜 1990年	国際交流基金より日本語教育専門家として派遣される
	・モンゴル国立大学（在ウランバートル）
	・在カラチ日本国総領事館日本文化センター（パキスタン）
	・スペイン国立マドリッド・アウトノマ大学
1990年〜	杏林大学外国語学部講師
1993年〜	杏林大学外国語学部助教授
1998年〜	杏林大学外国語学部教授
1998年〜	韓国・高麗大学校客員研究員（1年間）
2000年〜	杏林大学大学院国際協力研究科教授兼任
2008年	博士号取得（学術博士・杏林大学）
2012年〜	Marquis Who's Who in the World に掲載される
2014年	杏林大学定年退職

著書 『日本語構造伝達文法』(2000 年版) 揺籃社, 2000
　　　『日本語構造伝達文法』(05 年改訂版) 揺籃社, 2005
　　　『日本語構造伝達文法』(12 年改訂版) 揺籃社, 2012
　　『日本語構造伝達文法 発展A』揺籃社, 2003
　　『日本語態構造の研究－日本語構造伝達文法 発展B』晃洋書房, 2009
　　『主語と時相と活用と－日本語構造伝達文法・発展C』揺籃社, 2014
　　『日本語のしくみ(1)－日本語構造伝達文法 S－』揺籃社, 2015
　　『日本語のしくみ(2)－日本語構造伝達文法 T－』揺籃社, 2016
　　『日本語のしくみ(3)－日本語構造伝達文法 U－』揺籃社, 2017

E-mail: ki1imaizu@yahoo.co.jp
　　　　　(イチ)
「日本語構造伝達文法」ホームページ　（「ニコデブ」で検索可能）
　　　　http://www012.upp.so-net.ne.jp/nikodebu/

日本語・中国語・印欧語
　－日本語構造伝達文法・発展D－　　　　　　　　定価 800 円＋税
- -
　2018 年 7 月 25 日発行
　　著　者　今泉喜一・関口美緒・木村泰介・孫偉・蒋家義
　　発行者　比 嘉 良 孝
　　発　行　揺 籃 社
　　　　　　〒 192-0056 東京都八王子市追分町 10-4-101
　　　　　　TEL 042-620-2626　　E-mail:info@simizukobo.com
　　　　　　印刷／(株)清水工房　　製本／(有)宮沢製本
- -
ISBN978-4-89708-404-6 C1081　　　　　　落丁・乱丁本はお取替えいたします。